3D펜 기초 & 도안 작품 300+

모두의 3D펜

#3D펜 사용법 #기초도형 #일상소품 #패션 #요리 #원예 #인테리어 #명화 #스타 #캐릭터 #로봇 #기념일 #게임 #스포츠 #이동수단 #건축물

3D펜 기초 & 도안 작품 300+

모두의 3D펜

초판 1쇄 발행 2019년 6월 1일
초판 5쇄 발행 2021년 5월 14일
2판 2쇄 발행 2022년 5월 25일
3판 1쇄 발행 2023년 11월 15일

발행처 | (주)에일리언테크놀로지아시아
발행인 | 최원빈
기　획 | 3D프린팅펜창의융합교육협회

출판등록 | 제2016-000078호
주　　소 | 서울특별시 금천구 디지털로9길 99, 908, 909, 1008호 (가산동, 스타밸리)
대표전화 | 02-857-1314
팩스번호 | 02-838-1314

ISBN 979-11-87910-80-0

* 이 책의 일부 내용을 인용하거나 발췌하려면 반드시 저작권자의 동의를 얻어야합니다.
* 판매 가치가 상실된 도서는 교환·반품이 불가합니다.
* 잘못된 책은 구입한 서점에서 교환해 드립니다.
* 이 책에 나오는 작품은 저자의 소중한 작품입니다. 2차 수정, 도용, 상업적 용도의 사용을 금합니다.
* 본 저작물은 저작권법에 의해 무단 복제 및 전재 할 수 없습니다.

ⓒ 2019. 3D Printing Pen Education Association. All rights reserved.

3D펜 기초 & 도안 작품 300+

모두의 3D펜

3D pen for everyone

3D프린팅펜창의융합교육협회 지음

출판사 소개

㈜에일리언테크놀로지아시아는 3D펜 관련 출판, 교육업,
RFID 제작, 개발 등 다양한 사업을 전개하고 있습니다.

3D프린팅 업계의 태동기부터 3D프린터 관련 하드웨어 사업을 전개해왔습니다.
이 사업을 통해 쌓아온 식견을 바탕으로 2014년 세계 최초 개발된 3D펜을
국내에 도입했습니다.

국내 최초 3D펜 교재를 개발하여 교육용으로 최적화된 3D펜 PENTOK을
런칭하여 강사연수·방과후학교·발명&창의교실·기업 제휴 위탁 개발 등
3D펜 교육 콘텐츠 시장 구축에 지속적으로 기여하고 있습니다.

저희는 학생들이 스스로 디자인하고 설계하며
자신의 아이디어를 눈앞에 펼쳐 보이는 메이커(Maker) 교육을 지향합니다.

학생들이 미래의 창의 융합 인재로 자라날 수 있도록
창의성 함양의 지름길을 안내하겠습니다.

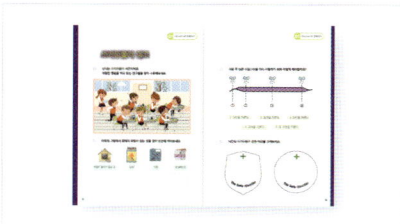
국내 최초 교육용 3D펜 교재 개발 및 출시

국내 최초 3D펜 캐릭터 개발
및 교육용 3D펜 펜톡 런칭

① 최초의 국내 개발 고온용 3D펜 뉴펜톡 런칭
② 2023년 업그레이드 버전 뉴펜톡 플러스 출시

최초의 국내 개발 저온용 3D펜 펜톡쿨 런칭

국내 최초 3D펜 전문 연구기관
3D프린팅펜창의융합교육협회 설립

국내 최초 3D펜 지도사 과정 운영
(민간 자격, 2016년 1월~)

전문 강사 전국 1900여명 배출
(2023년 초 기준)

국내 최다 3D펜 콘텐츠 보유

세계로 진출하는 글로벌 컨텐츠 개발

꿈길 교육기부 인증기관 선정

한국과학창의재단 교육지부
인증제 우수기관 선정

서울시 교육청 '메이크버스' 3D펜톡 체험

국과교육과정 반영 유아용 3D펜 교재 및 교육 프로그램

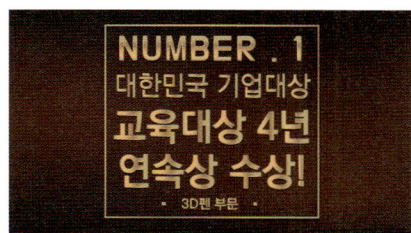
2017-2020 대한민국 교육대상
4년 연속 수상

2019 한글날 기념 3D 메이커작품 공모전
주최·주관

2016년 탄생한 펜톡의 캐릭터 펜톡 몬스터즈는 3D펜 입체 작품 창작을 더욱 쉽고 재미있게 느끼도록 해줍니다.
세 개의 개성 있는 캐릭터는 삼각, 사각, 원이라는 만물의 기초 형상을 대표합니다.

바야

세상에서 장난치는 게 제일 재미있단다. 귀여운 장난으로 주변을 밝게 해주는 분위기 메이커. 원래는 입이 작았지만 매운 음식을 너무 좋아해서 불었다는 소문이 있다.

꼬몽

태어날 때 벼락을 맞아 곱슬머리가 되었다. 그 충격으로 매우 소심한 성격이 되었지만, 장난을 좋아하는 바야를 보며 조용히 대리만족하곤 한다.

깨바

늘 당당하고 자신감 가득한 잘난척쟁이. 쫑알쫑알 떠들면서 스트레스를 해소한다. 자신감의 근원은 정기적으로 받는 치아 미백 스케일링에서 나온다.

교재 내 활용 3D펜 소개

뉴펜톡 플러스(Newpentok Plus)는 ㈜에일리언테크놀로지아시아가 지난 10년간 3D펜 분야에서 습득한 노하우를 집약한 제품입니다.
펜톡 몬스터 '바야'를 모티브로 디자인되어 지금껏 볼 수 없었던 개성 있는 모양입니다.
뉴펜톡 플러스는 55g으로 가볍고 인체공학적 디자인으로 누구나 장기간 사용해도 손이 피로하지 않다는 장점이 있습니다.
고성능 모터로 최고의 압출·후진 속도를 자랑하며 막힘과 잔고장이 적고 4단계 속도 조절로 일반인부터 전문가까지 더욱 효율적으로 사용할 수 있습니다.

국내 전자파적합인증(KC), FCC(미국연방통신위원회) 인증, CE(유럽통합규격) 인증,
RoHS(유럽유해물질규제) 인증 획득으로 검증된 안전 제품입니다.
www.pentok.co.kr

01
스마트한
Newpentok Plus

4단계 속도 조절에 따라
최적의 온도 자동 세팅,
초보부터 전문가까지 모두 만족!

02
누구나 쉬운
Newpentok Plus

직관적인 인터페이스,
간단해진 사용법으로
남녀노소 누구나 쉽게!

03
손이 편한
Newpentok Plus

인체공학적 디자인과 가벼운 무게로
보다 편리하게, 러버 코팅으로
미끄럼 방지 및 그립감까지 강화!

04
친근한
Newpentok Plus

POP한 컬러와 캐릭터를
모티브로 한 디자인으로
친근함을 더하다!

05
획기적인
Newpentok Plus

강력한 모터, 기존 3D펜을 뛰어
넘는 빠른 압출과 필라멘트 교체
속도로 무엇이든 손쉽고 빠르게!

06
자동 배출 기능
Newpentok Plus

필라멘트 자동 배출
기능으로 노즐 막힘
없이 안심 사용!

PROLOGUE

2014년, 미국 항공우주국(NASA)은
국제우주정거장으로 무중력 3D프린터를
쏘아 올렸어요.

우주정거장에서 비행사에게 필요한
소형 부품을 우주에서 만들기 위해서죠.

필요한 물건을 지상에서 쏘아 올리기 위해
kg당 1만 달러가 소요된다고 하는데,
우주에서 필요한 물건을 거기서 만들 수
있다는 건 기적과 같은 일이었어요.

필요한 물건을 마트에서 사지 않고
직접 만들 수 있다면 얼마나 좋을까요?
그래서 3D프린터를 배워봤지요.

하지만,
입체를 출력하는 게 쉬운 일은 아니었어요.

세상에 하나뿐인 나만의 물건을
컴퓨터로 디자인해야 하는데,
연필로 그리는 것처럼 안 되더라고요.

열심히 데이터를 만들어 출력했더니,
하나의 입체를 출력하는데 몇 시간이
시간이 걸렸어요.

결과물이 이상하게 출력되면 처음부터
다시 해야 했지요.

그럼, 누구나 쉽게 3D프린터를 사용할 수 있는
그날까지 기다려야 할까요?

아니요, 이제 '3D펜'이 있으니까요.
3D펜은 컴퓨터 없이 손으로 직접 그림을 그리며
바로바로 입체를 만들 수 있는 기기예요.

사용 방법을 알고 입체표현의 원리만
이해하면 누구나 어떤 입체든
쉽게 표현할 수 있지요.

3D펜은 사람의 감성을 잃지 않는
새로운 기술이에요.

만들고 싶은 입체를 컴퓨터가 아닌 인간의 손과
사고력으로 설계하고 만들어내는 것이죠.

다양한 입체를 만들어 사물의 구조를 이해하고
사고력과 공간지각 능력을 높일 수 있으며

직접 디자인하고 자유롭게 표현하며
감성과 창의력을 키울 수 있어요.

이 책을 통해
3D펜으로 다양한 형태의 입체를 어떻게
설계하고 만들 수 있는지 경험해보세요.

그러고는 그 정보를 응용해
세상에 단 하나뿐인 나의 작품을
만들어보는 거예요.

상상이 현실이 되는 체험을 통해
모두가 창작의 즐거움을
느끼길 바랍니다.

CONTENTS

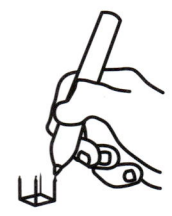

3D펜 알아보기

BASIC

발명 배경	16
정의	18
활용분야	19
재료와 도구	21
3D펜 안전하게 사용하기	26
3D펜 작동방법	28
3D펜으로 잘 그리는 비결	34

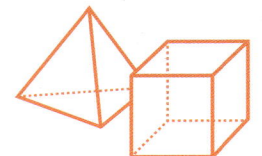

기초 도형

CHAPTER 01

점	40
직선, 곡선	41
도형, 면	44
육면체	48
삼각뿔, 삼각기둥	49
사각뿔, 오각기둥	50
쌍대다면체	51

생활

CHAPTER 02

일상소품	54
패션	66
요리	86
원예	100
인테리어	117

아트

CHAPTER 03

원 속의 원	140
모나리자	142
생명의 나무	144
절규	146
까치와 호랑이	148
십장생도	150
그림 거치대	153

엔터테인먼트

CHAPTER 04

스타 · 연예인	156
만화 · 캐릭터	170
기념일 (HAPPY DAY)	197

스포츠

CHAPTER 05

농구 게임	236
축구 게임	239
다양한 스포츠	245

여행

CHAPTER 06

이동수단	250
국내 명소	266
해외 명소	286

처음의 '나'도 '나'였음을 잊지 말기

#초심

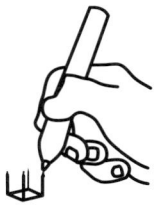

3D펜 알아보기

BASIC

발명 배경	16
정의	18
활용 분야	19
재료와 도구	21
3D펜 안전하게 사용하기	26
3D펜 작동방법	28
3D펜으로 잘 그리는 비결	34

발명 배경

"잘못 나온 3D프린터 출력물...
쉽게 수정할 방법이 없을까?"

3D펜을 개발한 목적은 출력물을 수정하기 힘든 3D프린터의 단점을 보완하기 위해서였습니다.
컴퓨터를 사용해야 하는 3D프린터의 복잡한 작업 과정을 생략하고
손쉽게 플라스틱이 녹아 나오는 '펜'을 개발한 것입니다.

3D프린터의 그리기 방식을 펜으로!

3D펜은 뜨거운 온도에서 플라스틱을 녹여 입체를 쌓아 올리는
3D프린터의 FDM 방식을 이용해 만들어졌습니다.
플라스틱을 녹이는 3D프린터의 노즐 부분을 펜에 장착한 것이죠.

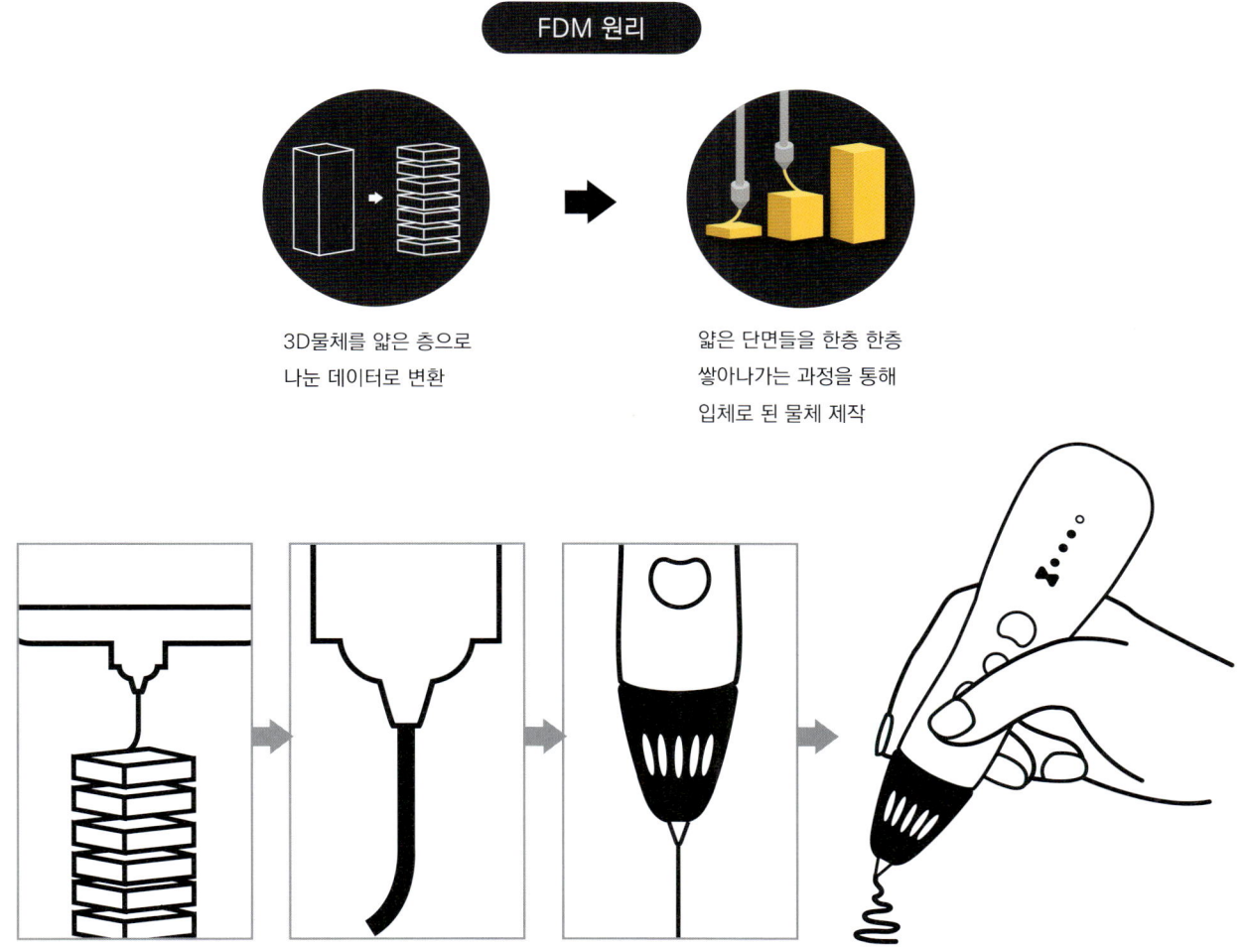

정의

그래서 3D펜을 정의해보면 다음과 같습니다.
3D펜이란 3D프린터의 원리를 '펜'의 형태에 적용하여
펜에서 플라스틱을 녹여내 원하는 입체를 만들 수 있는 기기입니다.

활용 분야

교육 EDUCATION | 디자인 DESIGN | 건축 ARCHITECTURE | 예술 ART | 취미 HOBBY | 설계 PLANNING | 인테리어 INTERIOR | 공예 CRAFT | 패션 FASHION

재료와 도구

1
필라멘트

3D펜에 사용하는 플라스틱 재료로서, 3D프린터와 3D펜에 사용됩니다. 1kg, 1.75mm 규격의 롤 단위로 판매하며 3D펜용으로는 1m, 5m 등으로 재단되어 여러 가지 색을 혼합하여 판매되기도 합니다. 소재에 따라 다양한 가격대의 필라멘트가 판매되고 있는데 고분자화합물을 구성하는 다양한 원료의 배합과 성분비, 성분 물질, 안료 등에 따라 녹는 온도, 녹고 굳는 시간, 색상, 광택, 발색도 등이 많이 다르기 때문에 단순히 싼 재료만 구매해서 사용하는 것은 바람직하지 않습니다. 우수한 발색과 광택, 다양한 색상, 적정한 녹는 온도·시간, 친환경 인증 등을 고려해서 필라멘트를 선택해야 합니다.

PLA

180~200℃에서 녹으며 ABS에 비해 수축이 적고 냄새가 비교적 덜 나는 것이 특징입니다. ABS보다 더 끈적끈적한 성질이 있어 약간 늦게 굳습니다. 색상이 다양하며 원료가 옥수수 전분으로 친환경 소재이기 때문에 주로 교육용으로 사용합니다.

PCL

60~90℃에서 녹는 저온용 3D펜의 재료로 냄새가 거의 없는 것이 특징이며 압출 속도가 느리고 결과물이 천천히 식어 유아나 초보자에게 적합합니다. 무독성의 생분해성 수지로 토양에서도 분해되는 친환경 작품을 만들 수 있습니다.

ABS

220~240℃에서 녹으며 강도가 높다는 특징이 있으며 PLA보다 더 빨리 굳어 공중 그리기 작업에 용이합니다. 합성수지 소재로서 냄새가 나고 인체에 유해할 수 있어 교육용으로 추천하지 않습니다.

TPU

220 ~ 240℃에서 녹고 탄성이 있는 것이 특징이며 'FLEXY(FLEX)'라고 불리기도 합니다. 리본, 지갑, 밴드 등 유연한 작품을 만들 때 사용합니다.

2

OHP 필름

PLA 필라멘트는 종이에 잘 들러붙기 때문에 종이 위에서는 필라멘트 조각을 떼어내기 어렵습니다. 내열성이 있는 투명한 OHP필름을 종이 위에 올려놓고 그 위에 따라 그리면 깔끔하게 떼어낼 수 있습니다. 오래 사용하면 표면이 우글쭈글해지는 단점이 있지만 저렴해서 많이 사용하는 재료입니다. 하지만, PCL 필라멘트의 경우 OHP 필름에 사용하면 떼어내기 힘들 수 있어 PCL 전용으로 제작된 **드로잉 패드**를 사용하는 것이 좋습니다.

> **? 이런 재료는 안 되나요?**
>
> 아크릴판: 압출된 필라멘트가 판에 달라붙기 때문에 사용하면 안 됩니다.
> 폴리카보네이트: 가능하지만 노즐을 계속 대고 있으면 구멍이 생깁니다.
> PET: 가능하지만 구하기 어렵습니다.
> 펜톡 드로잉 패드: 펜톡에서 판매하는 제품으로 두껍고 눈금이 있는 것이 특징입니다.
> 일반 코팅지: 같은 도안을 여러 번 사용할 때는 코팅하는 것이 효율적이고 경제적입니다.

3

일회용 핸드타월

3D펜으로 필라멘트를 압출하다 보면 노즐 부분에 들러붙기도 합니다. 노즐에 필라멘트가 붙으면 작업할 때 불편할 뿐만 아니라 다른 색상의 필라멘트를 넣을 때 색이 섞일 수 있어 닦아내야 합니다. 천으로 닦을 수도 있지만 천에 붙은 필라멘트를 떼어내기 힘들므로 휴지보다는 두껍고 잘 찢어지지 않는 핸드타월이나 키친타월을 이용하는 것이 좋습니다.

4

다양한 부자재

3D펜 작품의 완성도를 높이고 실생활에 사용할 수 있도록 해줍니다. 3D펜으로 고리를 만들어 부자재와 연결하거나 필라멘트로 감싸고 이어 붙여 고정합니다. 금속 재질에는 잘 붙지 않기 때문에 글루건을 이용하는 것이 좋습니다. * 스프링, 브로치, 자석, 옷핀 등

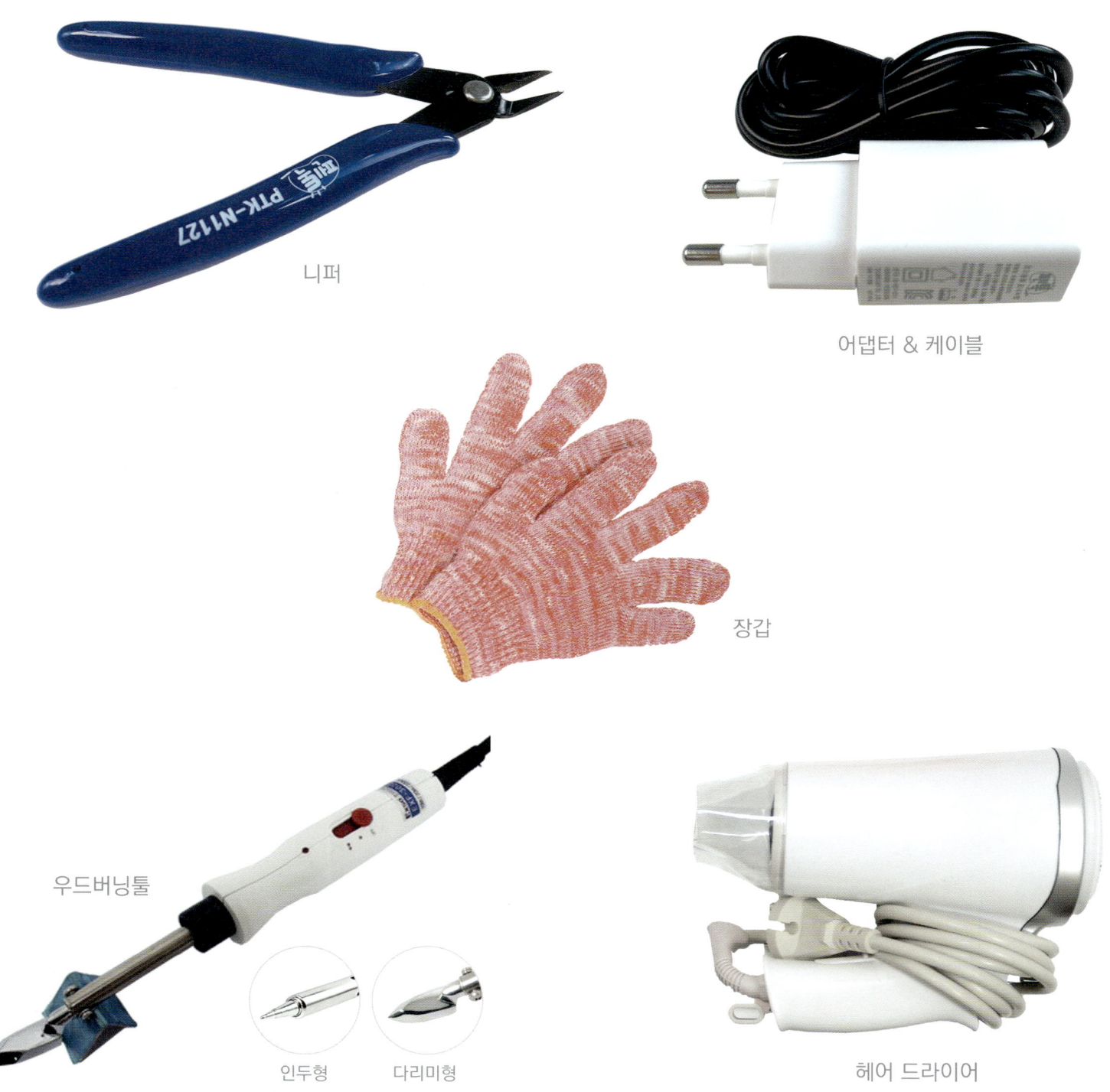

5 니퍼	필라멘트를 재단하거나 작업 중인 3D펜에서 필라멘트 조각 일부를 잘라낼 때 사용합니다. 가위도 가능하지만 날이 무뎌지므로 절단이 쉬운 니퍼를 이용합니다. *필라멘트의 양 끝은 반드시 수직으로 잘라서 사용해야 합니다.
6 어댑터 & 케이블	3D펜은 전기로 작동하는 것이기 때문에 어댑터를 연결해야 합니다. 일반적으로 3D펜을 구매하면 구성품으로 포함되어 있습니다. 전기 연결이 힘들 경우에는 보조배터리를 사용할 수 있으며, 정격전압과 전류를 확인하여 맞는 제품이라야 3D펜을 안정적으로 사용할 수 있습니다. *전용 어댑터 사용을 권장드리며, 제품에 따라 보조배터리 사용 유무가 다를 수 있습니다.
7 장갑	화상 사고를 예방하기 위해 착용합니다. 3D펜을 쥐고 있는 손은 필라멘트가 녹아 나오는 노즐 부분을 만질 일이 적기 때문에 반대편 손에 장갑을 착용하는 것이 좋습니다.
8 헤어 드라이어	3D펜의 재료는 열가소성 플라스틱이기 때문에 헤어드라이어로 작품에 열을 가하면 굳기 전에 변형할 수 있습니다. 손이 데지 않도록 장갑을 착용하고 사용하는 것이 좋습니다.
9 우드 버닝툴	우드버닝툴은 납땜을 하거나 나무를 태워 작품을 만들 때 사용하던 공구지만, 3D펜 작품의 표면을 녹여 매끄럽게 만들거나 특정 모양으로 변형시킬 수 있습니다. 이처럼 섬세한 작업을 위해서는 플라스틱이 타지 않게 알맞은 온도를 설정할 수 있는 우드버닝툴을 사용하는 것이 좋습니다. 또한, 플라스틱을 녹일 만큼 뜨거우므로 사용 시 직접 만지거나 피부에 닿지 않도록 주의해야 합니다.

3D펜 안전하게 사용하기

내게 일어날 일을 미리 안다면 사고는 없겠지요. 안전사고는 언제나 예방이 우선입니다.
3D펜은 초등 저학년도 사용하는 기기이지만 전기를 사용하는 전자제품이므로,
일어날 수 있는 사고를 잘 알고 주의하는 것이 좋습니다.

❗ 화상 사고

3D펜은 필라멘트를 녹이기 위해 최대 240℃까지 온도가 올라갑니다. 이 정도면 부침이나 튀김도 할 수 있는 높은 온도이기 때문에 화상에 각별히 주의해야 합니다. 3D펜을 사용할 때는 노즐과 바로 녹아 나온 필라멘트가 매우 뜨거우므로 직접 만지거나 피부에 닿지 않도록 합니다.

❗ 화재 사고

열을 내는 전자기기는 화재 사고를 주의해야 합니다. 라이터, 성냥, 유성 페인트처럼 불이 잘 붙는 물건과 가까이 두지 않도록 하고 바람이 잘 통하는 곳에서 사용합니다.
3D펜에 자동 절전모드(몇 분간 사용하지 않으면 자동으로 온도를 떨어뜨리는 기능)가 있는지 확인하고 사용하지 않을 때는 반드시 전원에서 분리합니다.

❗ 감전 사고

전기를 이용하는 기기이므로 물이 있는 곳에서는 사용하지 않도록 합니다.

3D펜의 구조

3D펜을 사용하기 전에 구조와 기능을 살펴보세요.
기능 버튼이 어디에 있는지 확인하고 기억하면 사용이 더욱더 쉬워질 것입니다.

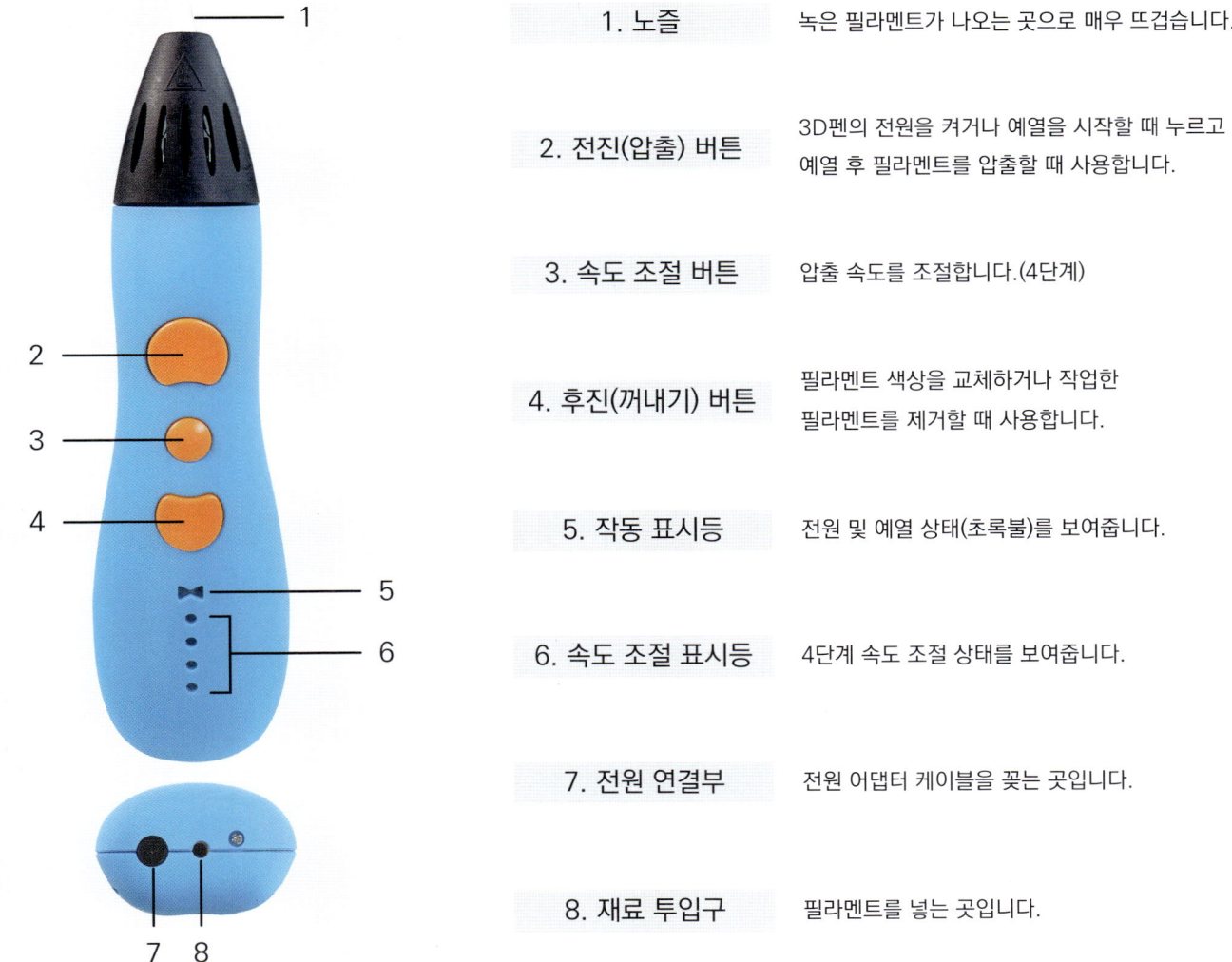

1. 노즐 — 녹은 필라멘트가 나오는 곳으로 매우 뜨겁습니다.

2. 전진(압출) 버튼 — 3D펜의 전원을 켜거나 예열을 시작할 때 누르고 예열 후 필라멘트를 압출할 때 사용합니다.

3. 속도 조절 버튼 — 압출 속도를 조절합니다.(4단계)

4. 후진(꺼내기) 버튼 — 필라멘트 색상을 교체하거나 작업한 필라멘트를 제거할 때 사용합니다.

5. 작동 표시등 — 전원 및 예열 상태(초록불)를 보여줍니다.

6. 속도 조절 표시등 — 4단계 속도 조절 상태를 보여줍니다.

7. 전원 연결부 — 전원 어댑터 케이블을 꽂는 곳입니다.

8. 재료 투입구 — 필라멘트를 넣는 곳입니다.

뉴펜톡 플러스 (Newpentok Plus)

3D펜 작동방법

예열하기 〉 속도 맞추기 〉 압출하기 〉 재료 빼기 〉 관리하기

3D펜은 필라멘트를 녹이기 위해 최대 240℃까지 올라갑니다. 이 정도면 부침이나 튀김도 할 수 있는 높은 온도이기 때문에 화상에 각별히 주의해야 합니다. 3D펜을 사용할 때는 노즐과 바로 녹아 나온 필라멘트가 매우 뜨거우므로, 직접 만지거나 피부에 닿지 않도록 합니다.

예열하기

1. 3D펜 전원 연결부에 전원 어댑터 케이블을 연결합니다.
2. 전진(압출) 버튼을 한 번 눌러 예열을 시작합니다.
3. 빨간색 작동 표시등이 초록색이 되면 예열이 완료된 것입니다.

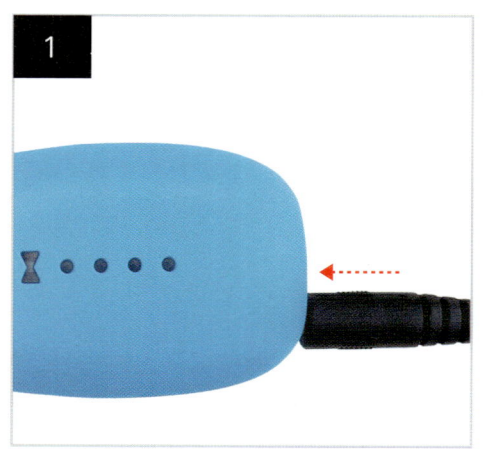
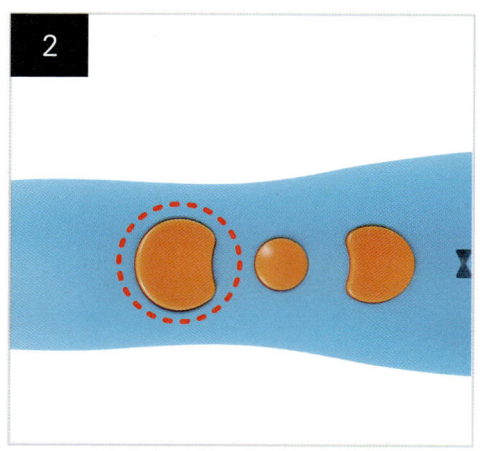
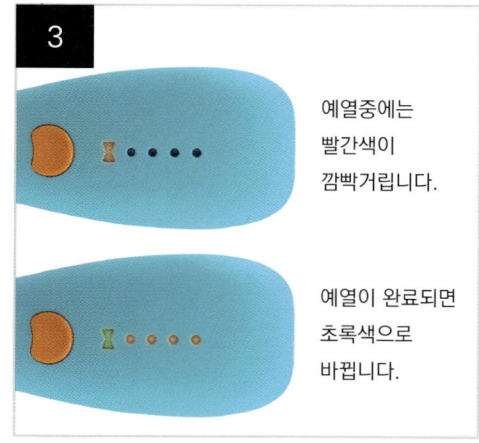

예열중에는 빨간색이 깜빡거립니다.

예열이 완료되면 초록색으로 바뀝니다.

속도 맞추기

가운데 있는 주황색 작은 원 버튼을 눌러 나에게 맞는 속도로 맞춰주세요.

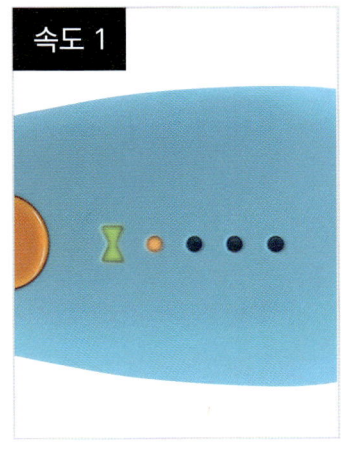

한 번 클릭 / 느린 속도

작고 복잡한 패턴을
정교하게 따라 그릴 때
적합한 속도

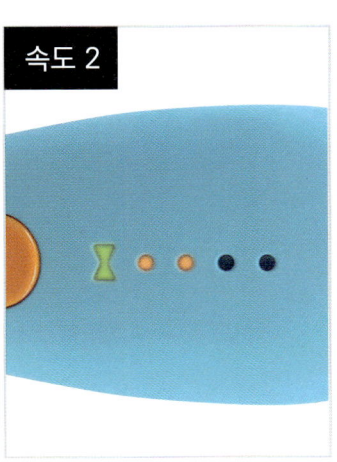

두 번 클릭 / 중간 속도

초보자가 무난히
사용할 수 있는 속도

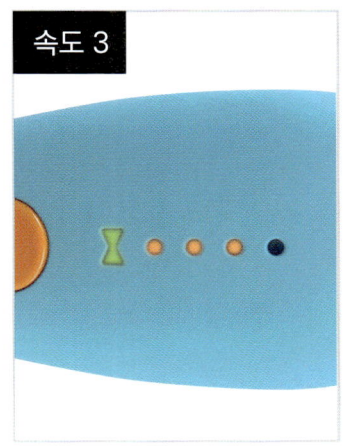

세 번 클릭 / 빠른 속도

큰 면적을 채우거나
숙련자가 빠른 속도로
작업할 수 있는 속도

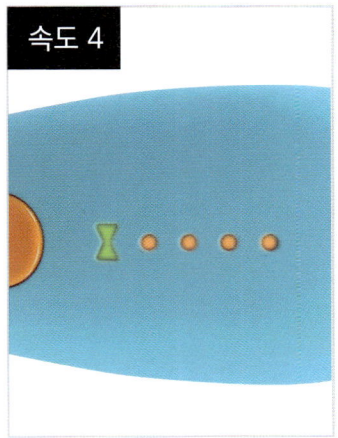

네 번 클릭 / 가장 빠른 속도

전문가가 빠른 속도로
작업할 수 있는 속도

필라멘트 압출하기

펜 내부에서 필라멘트를 녹여 노즐 구멍으로 나오도록 밀어내는 것을 '압출'이라고 합니다.
작업 형태에 따라 수동 또는 자동으로 압출합니다. 예를 들어 조심스럽게 도안을
따라 그릴 때는 '수동 압출'로, 큰 면적을 빠르게 채울 때는 '자동 압출'이 좋습니다.

수동으로 압출하기

1. 필라멘트를 재료 투입구에 넣은 상태로 전진(압출) 버튼을 눌러보세요.
   * 필라멘트가 나올 때까지 누른 채로 기다립니다.
2. 전진(압출) 버튼에서 손을 떼면 압출이 멈추게 됩니다.

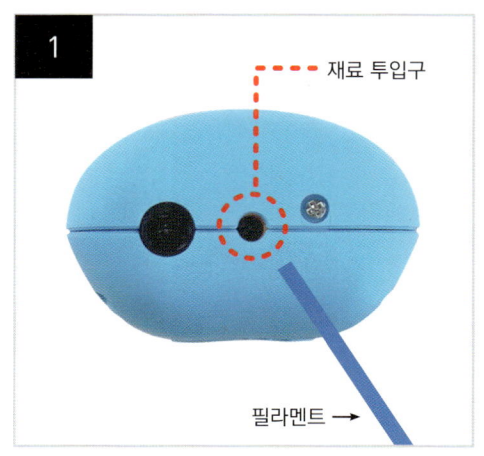

자동으로 압출하기

1. 필라멘트를 재료 투입구에 넣은 상태로 전진(압출) 버튼을 빠르게 두 번 눌러보세요.
2. 전진(압출) 버튼을 한 번 더 누르면 멈추게 됩니다.

재료 빼기

1. 초록색 불이 들어와 있는지 확인해주세요.
2. 후진(꺼내기) 버튼을 눌러주세요.
3. 필라멘트가 모두 빠지면 후진(꺼내기) 버튼을 한 번 더 눌러 멈춰주세요.

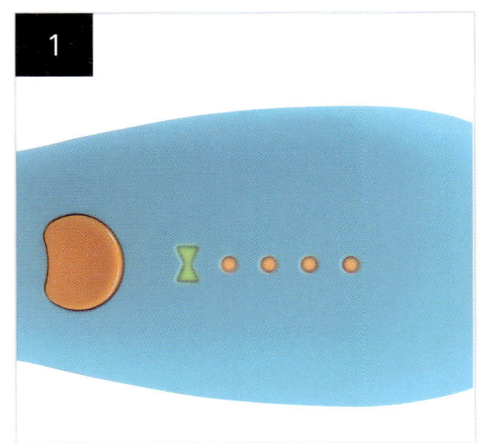
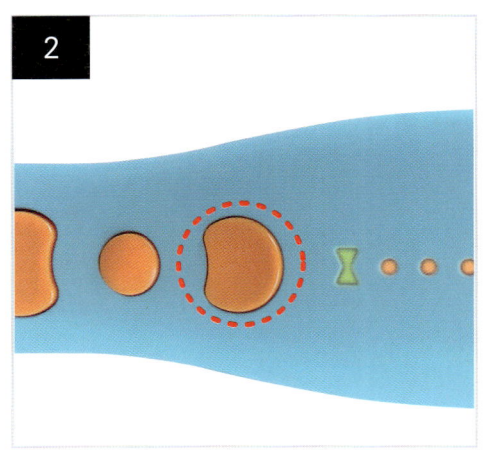

관리하기

1

필라멘트

- 사용하고 뒤로 꺼낸 필라멘트의 앞부분을 반드시 니퍼를 사용해 수직으로 잘라주세요.
- 필라멘트가 너무 짧아서 뒤로 꺼낼 수 없을 때는 다른 색상의 새로운 필라멘트를 넣어 기존 색상이 나오지 않을 때까지 모두 사용하고 새로 넣은 필라멘트를 빼냅니다.
- 필라멘트를 꽂을 때나 꺼낼 때 억지로 밀거나 잡아당기지 않습니다.

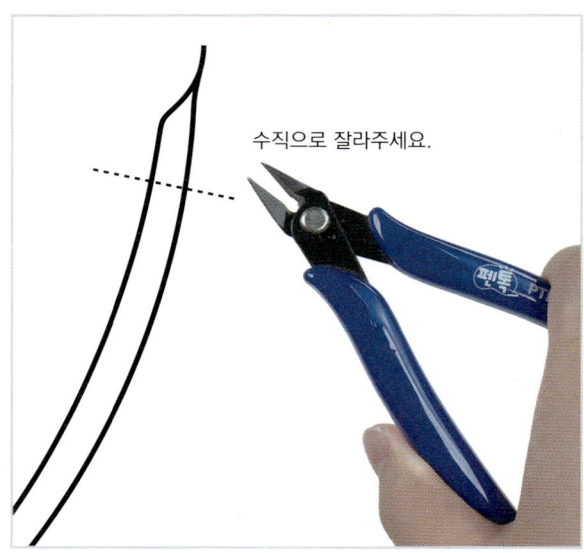

수직으로 잘라주세요.

2
3D펜

- 사용 후에는 어댑터와 분리하고 3D펜의 열을 식혀 보관해주세요.
- 열을 발생하는 3D펜의 특성상 무리한 사용은 고장의 원인이 될 수 있습니다. 2시간 이상 사용한 경우 전원을 끈 상태에서 30분 정도 기다려주세요.

슬립모드

약 10분간 사용하지 않을 때는 슬립모드로 전환되면서 3D펜이 자동으로
필라멘트를 뒤로 내보내고, 온도를 떨어뜨려 초록 불이 빨간 불로 바뀝니다.
다시 사용하기 위해서는 전진(압출) 버튼을 눌러 예열을 시작하고
예열 후에는 필라멘트의 끝을 반드시 수직으로 잘라서 넣어주세요.

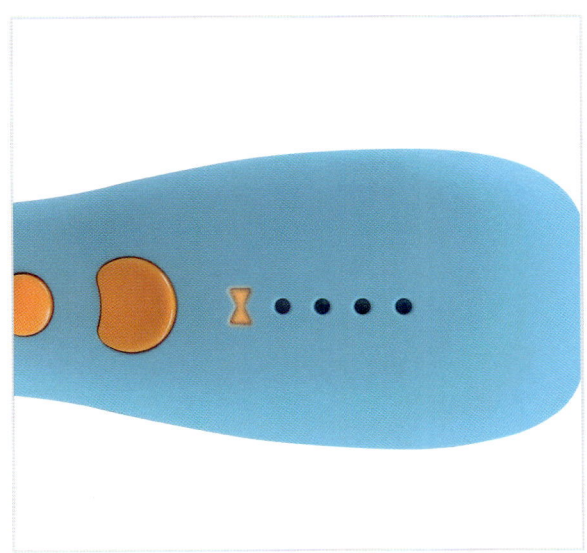

3D펜으로 잘 그리는 비결

각종 도구는 생김새와 특성이 다르기 때문에 표현을 도와주는 올바른 자세가 있습니다.
연필로 그림을 그릴 때도 제일 먼저 쥐는 방법부터 배우는 것처럼 3D펜도 표현 도구 중 하나로서
잡는 방법과 자세를 알아야 합니다. 사용자에 따라 편한 자세가 다를 수 있지만 추천하는 자세를 소개합니다.

1
3D펜 잡기

2
반대편 손으로 도안 고정하기

3
기다렸다 떼기

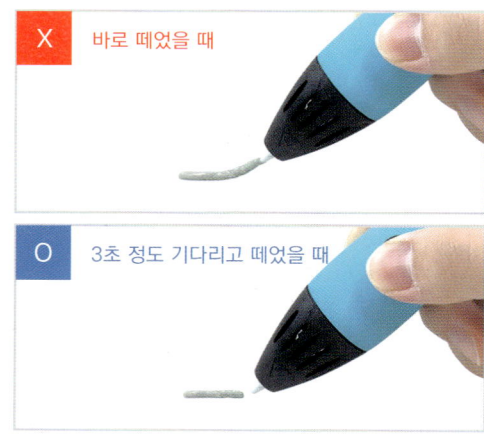

그림과 같이 압출 버튼에 엄지손가락이 위치하도록 합니다. 힘을 주기 편한 엄지손가락으로 압출하는 동안에도 필요에 따라 엄지로 속도를 조절할 수 있습니다. 연필을 사용하듯이 약 45도 정도로 세우고 노즐 끝이 정확히 바닥에 닿도록하여 공중에서 그리지 않도록 합니다.

3D펜을 쥔 반대편 손으로 도안이 움직이지 않도록 고정해줍니다. 셀로판테이프로 도안을 고정하고 하더라도, 반대편 손을 테이블 위에 올리면 3D펜으로 따라 그릴 때 몸에 균형을 잡아주어 더욱 안정적인 선을 표현할 수 있습니다.

선을 긋고 압출을 멈춘 후에 노즐을 바닥에서 바로 떼지 말고 3초 정도 기다려 필라멘트가 굳은 후에 노즐을 뗍니다.

3D펜은 선이 모여 면이 되고 면을 꼼꼼히 채우고 이어 붙여 입체로 표현하는 기기입니다.
기초공사가 탄탄해야 안전한 집을 완성할 수 있는 것처럼
3D펜으로 잘 그리는 비결을 기억하여 튼튼한 작품을 만들어보세요.

4
노즐의 안쪽 방향으로 그리기

노즐의 바깥 방향으로 그리면 흘러나오고 있는 필라멘트가 밀리고 양쪽으로 갈라져 직선을 그리기 어렵습니다.

5
편한 방향으로 그리기

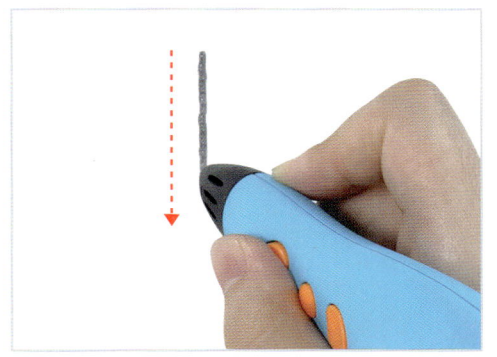

위에서 아래로 좌에서 우로 그리는 것이 작업하기 편하고 좀더 빠르게 그릴 수 있습니다. (왼손잡이의 경우 우에서 좌로 그립니다.)

6
나누어 그리기

한번에 다 그리려 하면 밀림 현상이 나타나므로 한번에 그리지 않고 반씩 나누어 그려서 깔끔하게 표현해주세요.

다양한 방법으로 면 채우기 ①

1
공중에서 그리기 기법

2
보글링 기법

거미가 공중에서 거미줄을 치듯이 조각과 조각 사이를 필라멘트로 잇는 방법입니다.

1) 3D펜을 느리게 혹은 중간 속도로 맞춥니다.
2) 한쪽 면에 자리를 잡고 필라멘트를 압출시킨 후 반대쪽 면으로 이동합니다. 이때 압출된 필라멘트가 팽팽하게 유지될 수 있도록 3D펜을 잡은 손의 속도 조절이 중요합니다.

필라멘트가 표면에 떨어져 꼬부라지며 자연스럽게 뭉쳐 보글보글하게 보이도록 압출하는 방법입니다.

1) 노즐을 표면에서 약 2mm 정도 뗀 후 압출합니다.
2) 미세하게 나선형을 그리면서 면을 채웁니다. 압출된 필라멘트가 자연스럽게 표면에 떨어져 뭉친 형태로 표현되는 것이 중요합니다.

다양한 방법으로 면 채우기 ②

3
문지르기 기법

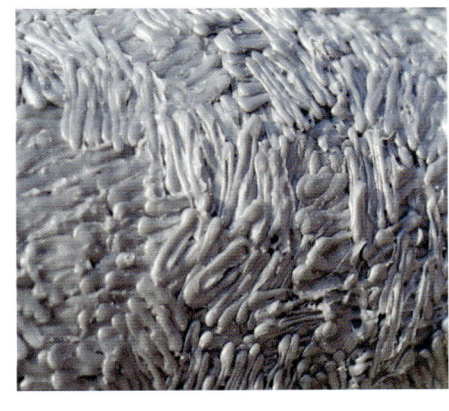

3D펜을 가장 느린 속도로 맞춘 후 압출시키면서 노즐로 표면을 문질러 울퉁불퉁한 부분을 미세하게 채우는 방법입니다. 이외, 나무를 태워 그림이나 글씨를 넣을 때 사용하는 '우드 버닝툴'로 표면을 매끄럽게 다듬을 수 있습니다.

4
패턴으로 그리기 기법

어떤 모양이나 색을 규칙적으로 반복하여 표면을 채우는 방법입니다.

1) 뜨개질 패턴 : 겉뜨기, 안뜨기를 한 것처럼 V자 패턴을 반복합니다. V자를 한번에 그리지 않고 양쪽의 사선을 각각 그려 표현합니다.

2) 꽈배기 패턴 : 두 가닥의 필라멘트를 꼬는 느낌으로 패턴을 반복합니다. S자를 각각 그려 겹치도록 하여 8자 모양을 이루도록 표현합니다.

3) 아가일 패턴 : 마름모꼴의 패턴을 반복합니다. ◇모양을 반복한 후 사선을 그려 다양하게 표현합니다.

하루 한 점 제대로 찍어야 커다란 삶이 되겠지.

#오늘을 모아서

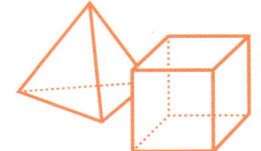

기초 도형

CHAPTER 01

점	40
직선, 곡선	41
도형, 면	44
육면체	48
삼각뿔, 삼각기둥	49
사각뿔, 오각기둥	50
쌍대다면체	51

점

각 점에 따라 버튼을 누르고 떼는 속도를 조절하며 다양한 크기의 점을 완성해보세요.
압출 버튼을 수동으로 조작하는 연습을 할 수 있어요.

1. 각 점에 노즐을 대고 필라멘트가 압출되어 점의 크기만큼 만들어질 때까지
압출 버튼을 누른 채 기다렸다가 한 번 더 눌러 멈추어보세요.
2. 점을 완성한 후 3D펜을 바로 떼지 말고 3~4초간 입바람을 불면서 기다렸다가 떼어주세요.

직선

3D펜을 빠르게 또는 느리게 움직여 선을 완성해 보세요.
다양한 선의 굵기를 표현하는 연습을 할 수 있어요.

1. 얇은 선은 빠르게 움직이고 선이 굵을수록 느리게 움직여주세요.
2. 한번에 그리려 하지 말고 손의 움직임이 편한 곳까지 그린 후 다시 이어서 그려주세요.
3. 선을 완성한 후 3D펜을 바로 떼지 말고 3~4초간 입바람을 불면서 기다렸다가 떼어주세요.

곡선

다양한 곡선 연습을 통해 3D펜을 자유롭게 움직이는 연습을 해보세요.

선으로 이루어진 패턴

직선과 곡선으로 이루어진 패턴을 따라 그려보세요.

도형

3D펜으로 잘 그리는 비결(35쪽)에서 '노즐의 안쪽 방향으로 그리기'와 '나누어 그리기'를 기억하나요?
그리기 방향을 생각하지 않고 연필로 그리듯이 도형을 그리면 필라멘트가 밀려 선이 울퉁불퉁하게 그려집니다.
도형 그리기 순서를 참고하여 각 도형의 형태를 따라 조금씩 나누어 그려보세요.

면

면은 선이 여러 개 겹쳐 모여서 이뤄집니다.
3D펜으로 면을 만들 때는 외곽선을 먼저 그리고 내부에 한줄 한줄 선으로 채운다고 생각하며 꼼꼼히 그려주세요.
이때 내부선이 외곽선에 확실히 닿도록 하되 밖으로 나오지 않도록 그려요.
외곽선은 내부선이 밖으로 튀어나오지 않게 고정하여 깔끔해 보이도록 해줍니다.

외곽선 없이 선을 그려 면을 만들었을 때

외곽선을 그리고 내부에 선을 그려 면을 만들었을 때

예시

외곽선을 따라 그린 후 내부에 한 줄씩 선을 그려 빈틈없이 채워보세요.

면

선을 한 줄씩 그려 채우지 않고 면을 칠하는 다양한 방법이 있습니다.
다양한 면 채우기 방법을 참고하여 연습해보세요.

01. 대강 채우기	02. 격자선으로 채우기	03. 지그재그로 채우기
	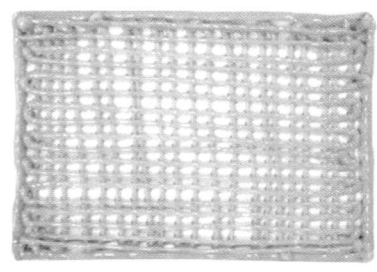	
시간을 절약할 때	빠르게 채울 때	촘촘히 채울 때

내게 가장 잘 맞는 방법으로 아래의 도형을 채워보세요.
면을 채우기 전 외곽선을 먼저 따라 그리는 것을 잊지 마세요.

면 이어 붙이기

입체를 만들기 위해서는 면과 면을 서로 이어 붙여야 합니다.
3D펜으로 면과 면을 이어 붙이는 다양한 방법을 알아보세요.

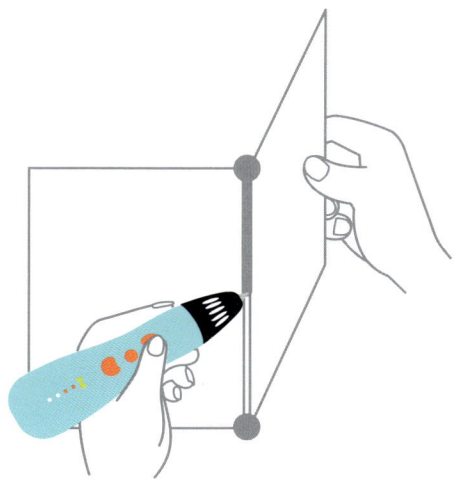

01. 임시 고정 후 이어 붙이기

1) 면과 면의 모서리를 맞대고 점을 그려 임시로 고정해주세요.
2) 맞닿은 모서리에 3D펜으로 선을 그려주세요.
3) 뒤쪽 모서리에 한번 더 선을 그려 마감하면 튼튼해집니다.

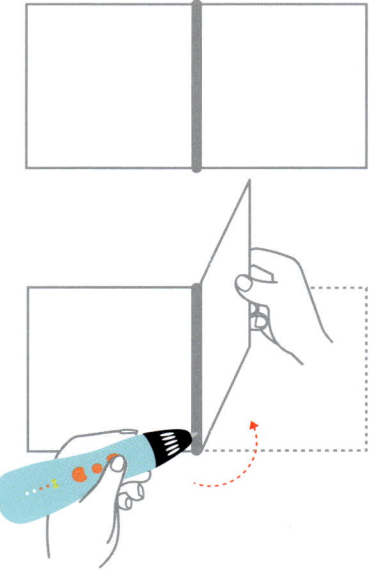

02. 이어 붙인 후 고정하기

1) 두 면을 바닥에 맞대어 놓고 맞닿은 부분에 선을 그려주세요.
2) 압출된 필라멘트가 굳기 전에 한쪽 면을 세워주세요.
3) 뒤쪽 모서리에 한번 더 선을 그려 마감하면 튼튼해집니다.

육면체

47쪽의 '면 이어 붙이기' 방법들을 떠올리며 육면체를 완성해보세요.

▼ 임시 고정한 후 맞닿는 부분에 선을 그려 이어 붙이기

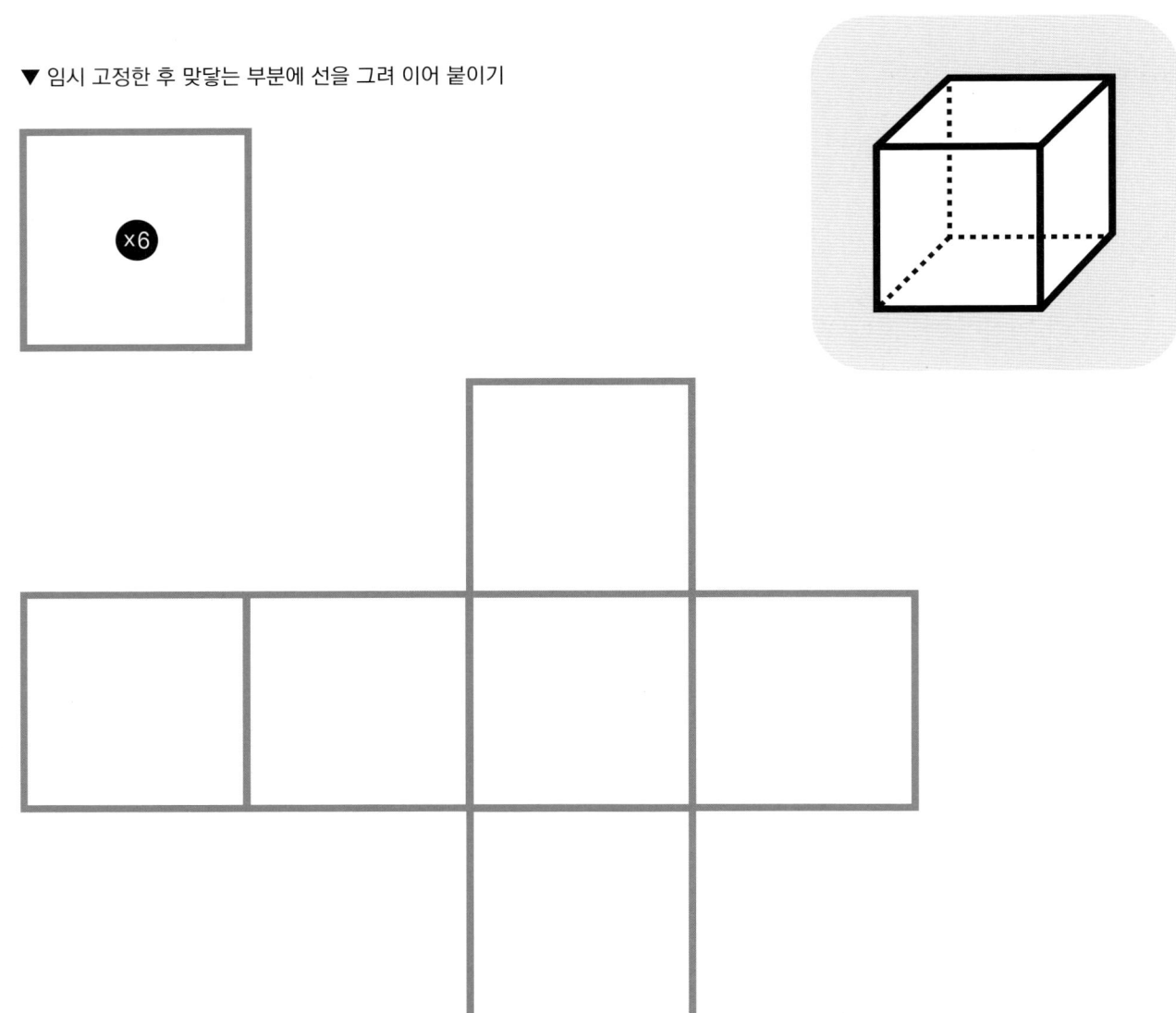

삼각뿔

아래의 도형을 이어 붙여 삼각뿔을 만들어보세요.

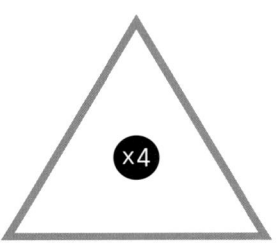 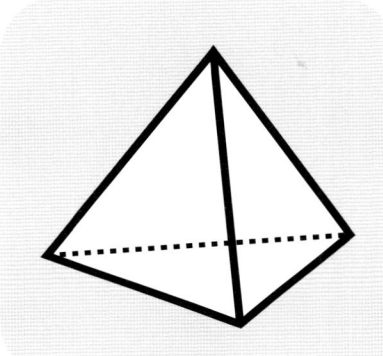

삼각기둥

아래의 도형을 이어 붙여 삼각기둥을 만들어보세요.

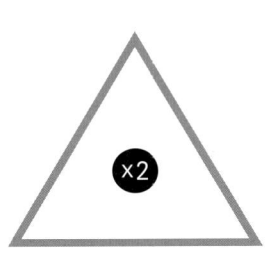 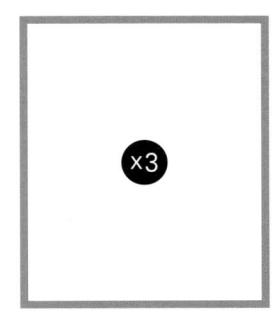 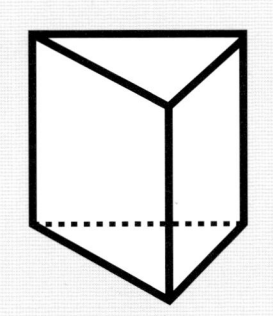

사각뿔

아래의 도형을 이어 붙여 사각뿔을 만들어보세요.

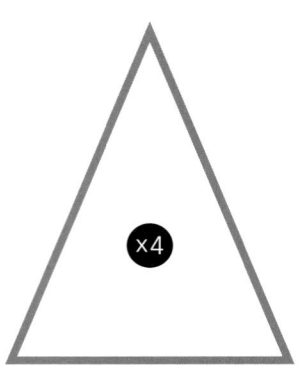

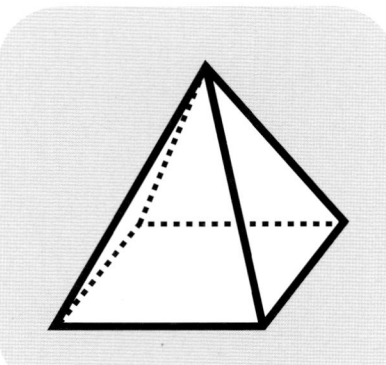

오각기둥

아래의 도형을 이어 붙여 오각기둥을 만들어보세요.

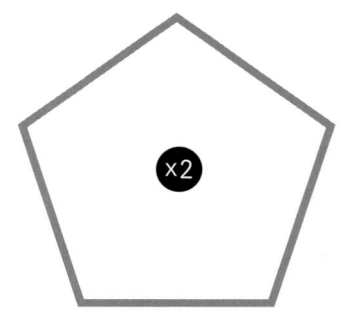
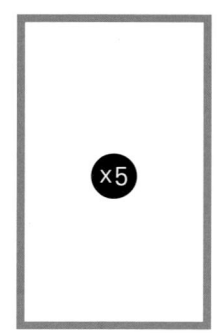
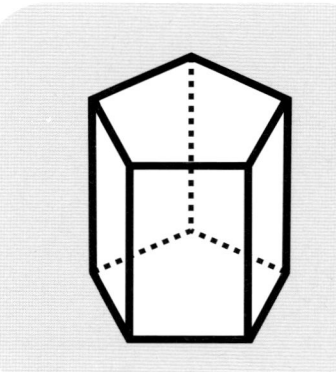

쌍대다면체

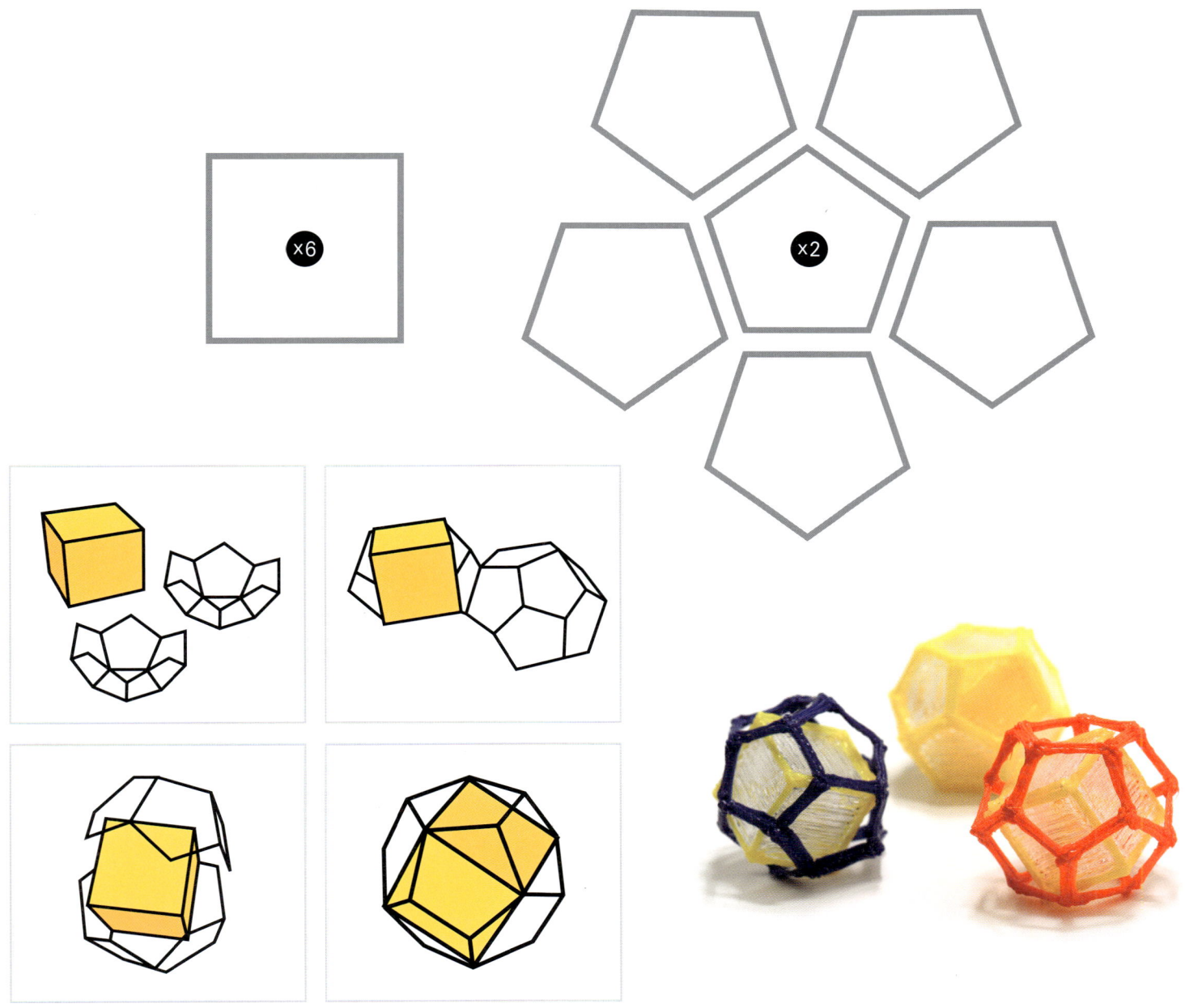

생활

CHAPTER 02

일상소품	54
패션	66
요리	86
원예	100
인테리어	117

가만히 둘러보세요.
이 작은 일들이 나를 위한 깜짝 이벤트라면
매일이 생일 같을 거예요.

#일상 생일

일상소품

라탄 휴지갑

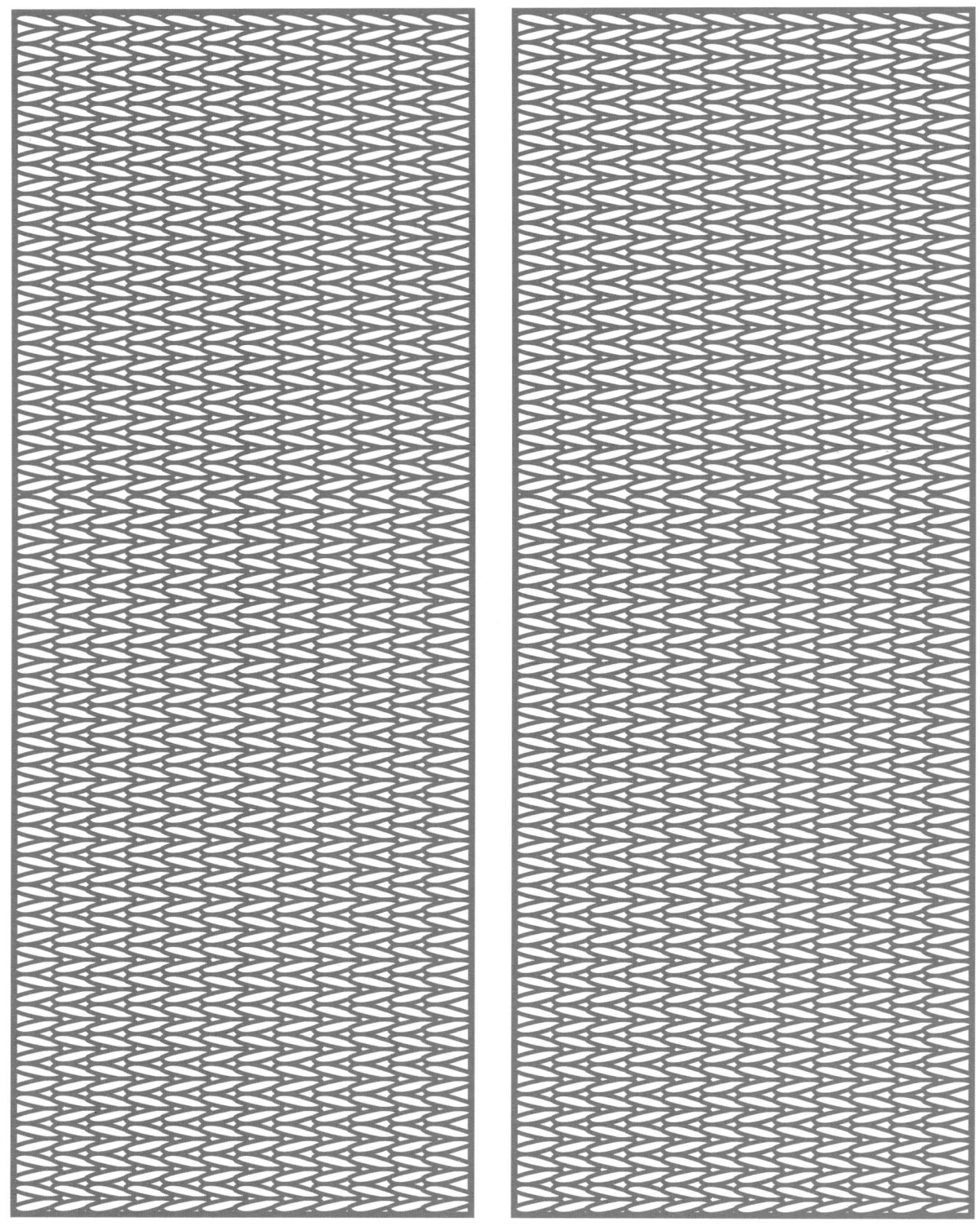

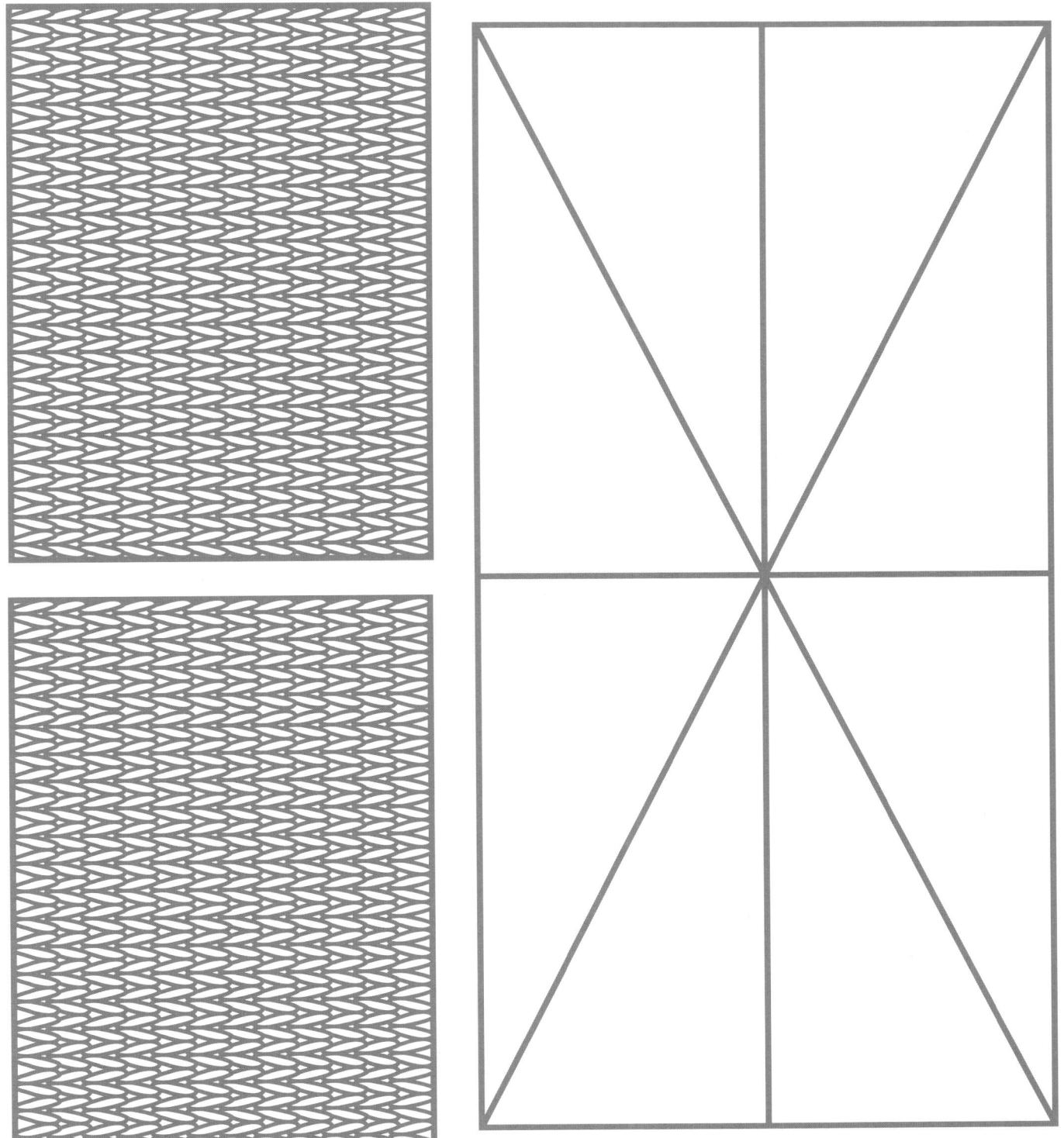

CHAPTER 02 일상소품 | 란탄 휴지갑

모두의 3D펜 | 57

필통

TIP
미니 경첩을 글루건으로 붙이고 3D펜으로 한번 더 고정하여 뚜껑을 여닫을 수 있게 만들어보세요.

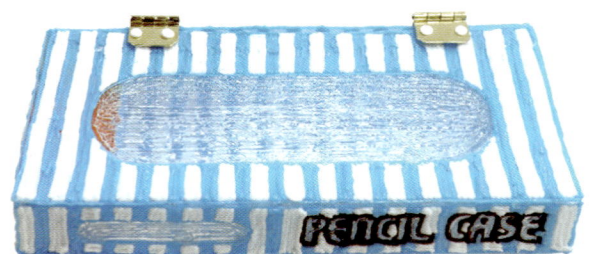

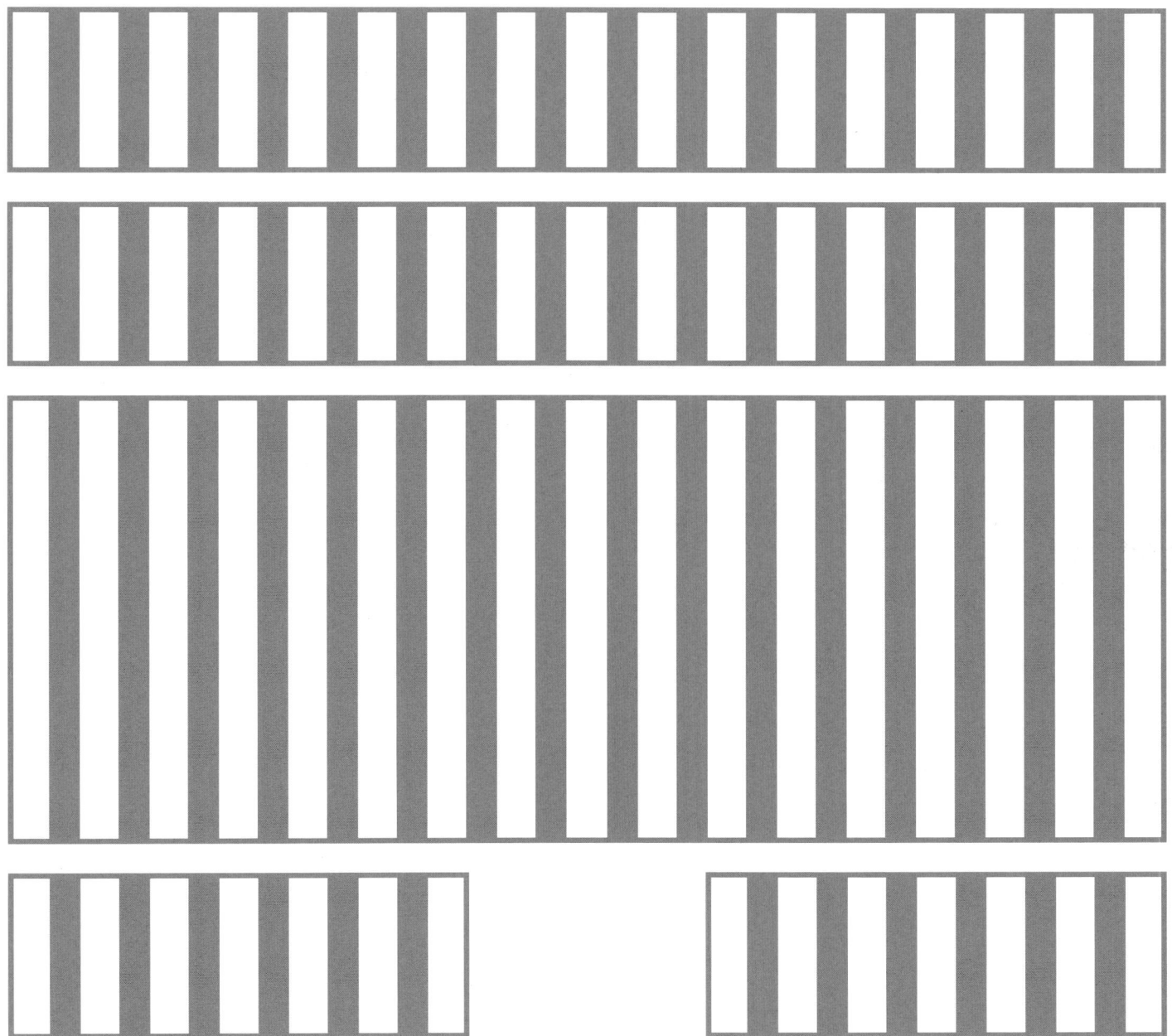

저금통

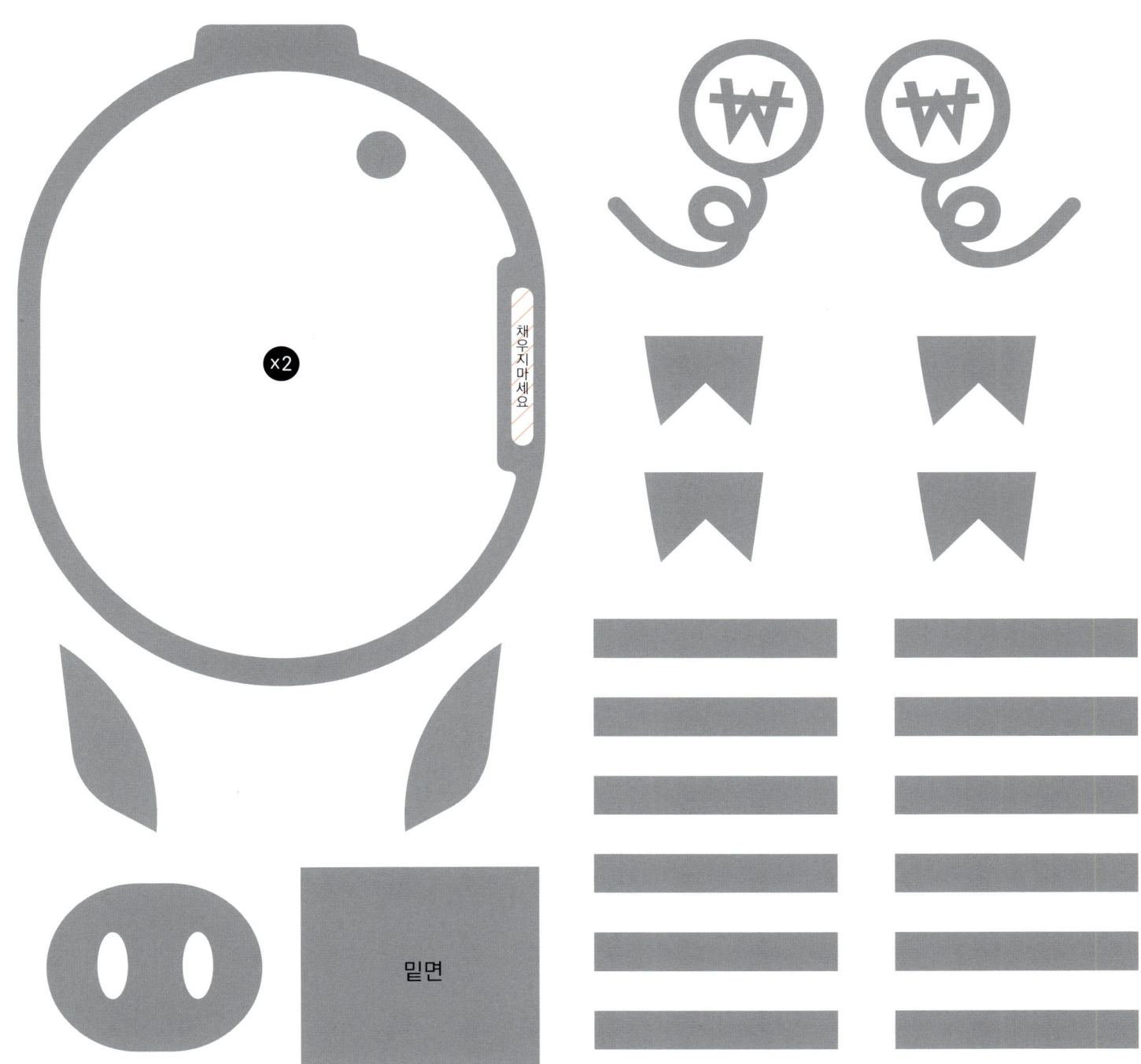

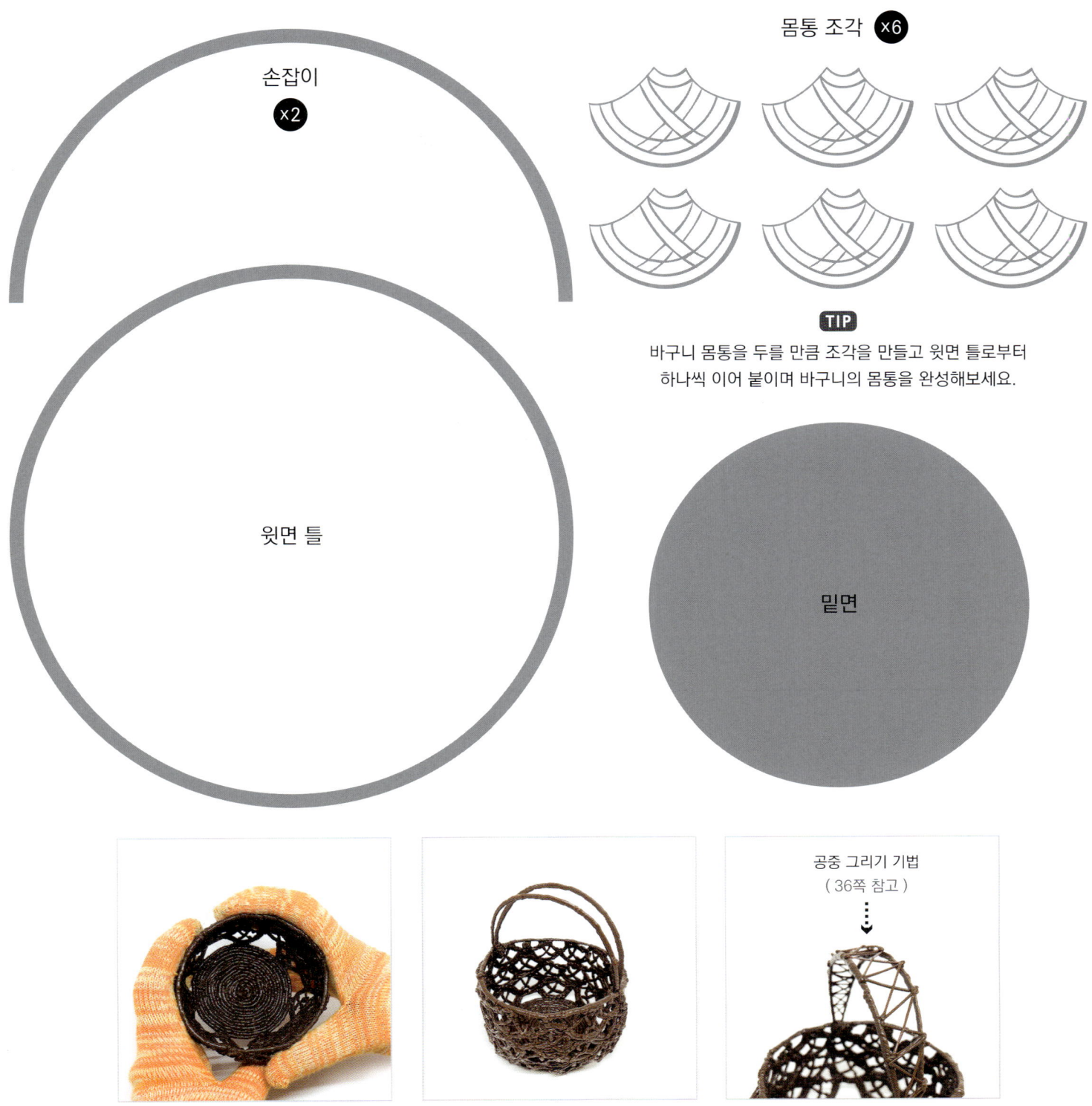

이어폰 줄감개

TIP
이어폰 고리를 캐릭터 조각 뒷면에 붙여주세요.

스웨그 깨바 　　　　이어폰 고리　　　　룰루 바야

흔들의자

패션

액세서리 비즈

TIP 필요한 만큼 조각을 만들어 다양한 액세서리를 만들어 보세요.

모두의 3D펜 | 69

플라워 귀걸이

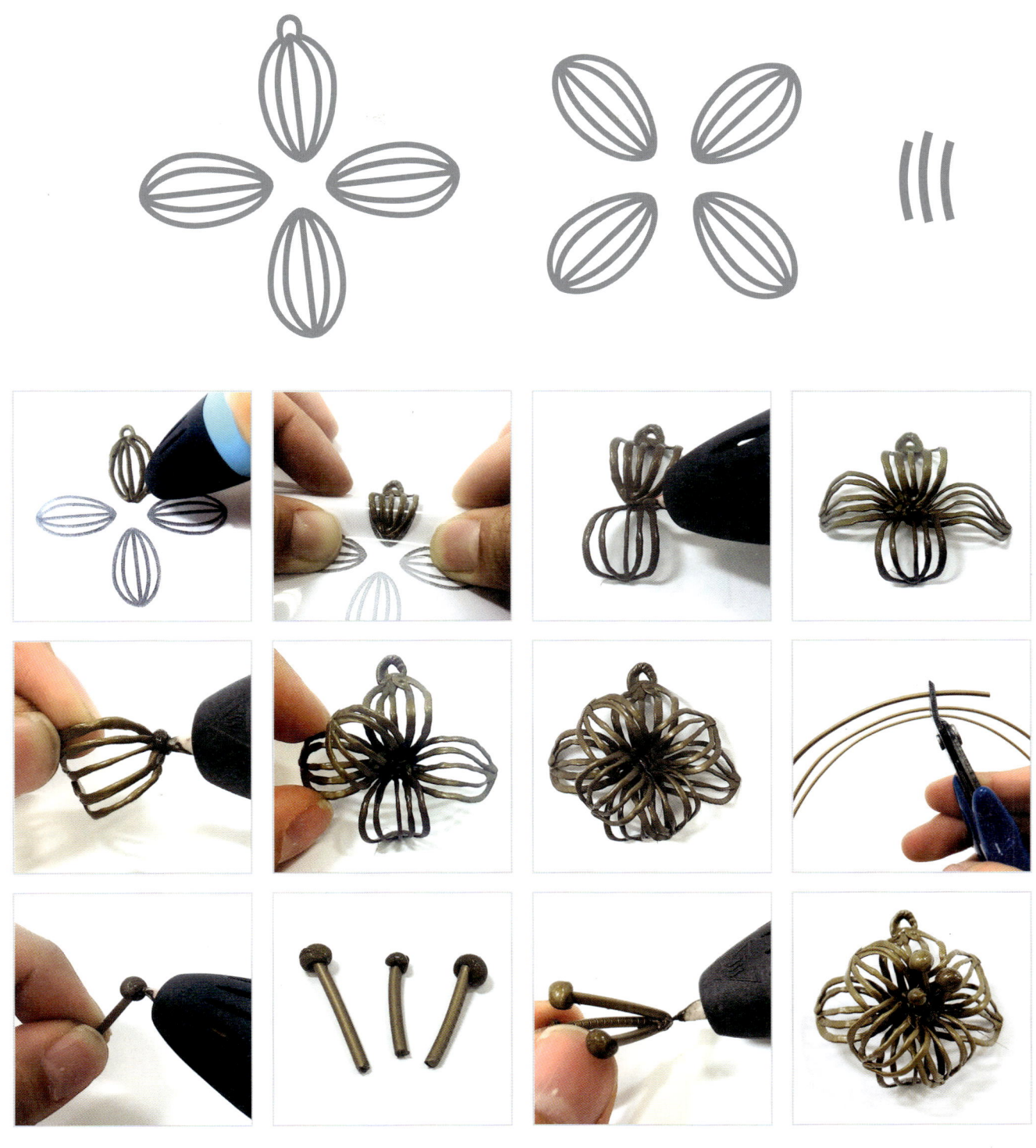

TIP 꽃잎 도안을 따라 그린 후 굳기 전에 종이와 함께 구부려 조각을 휘어주세요. | 꽃잎을 이어 붙일 때도 압출한 필라멘트가 굳기 전에 붙여주세요.

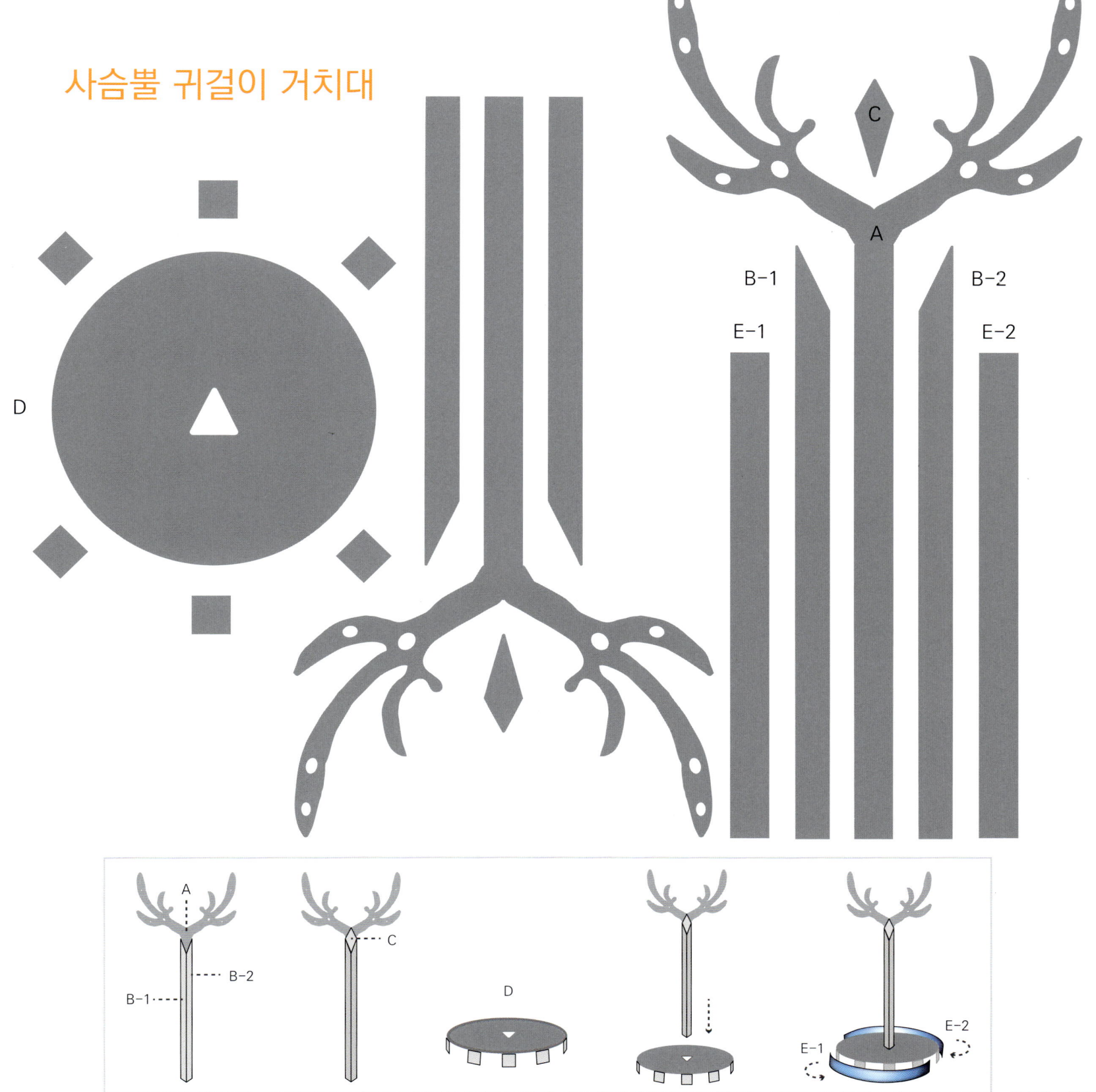

다각형 주얼리 트레이

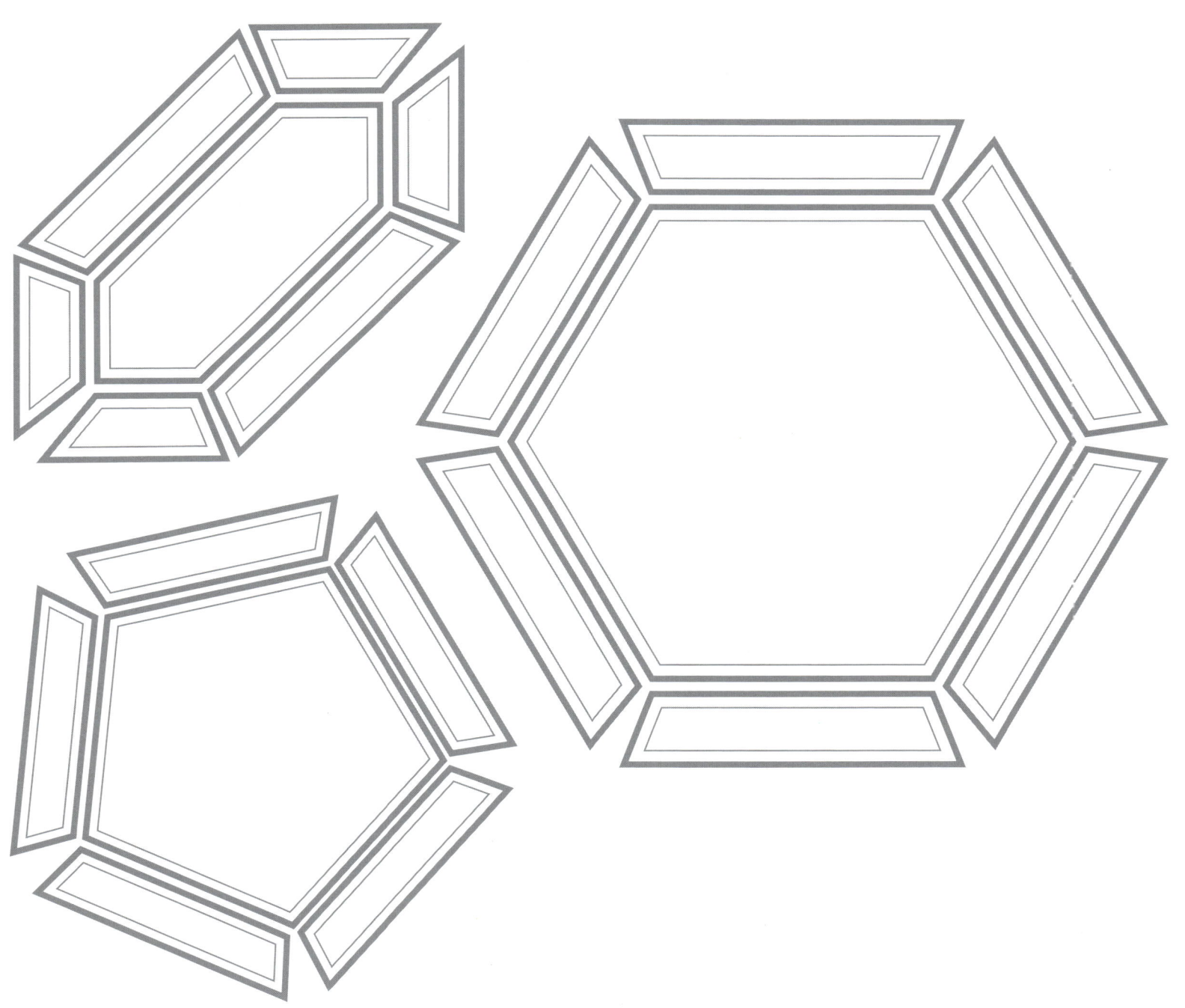

보잉 선글라스

호피 선글라스

플라워 선글라스

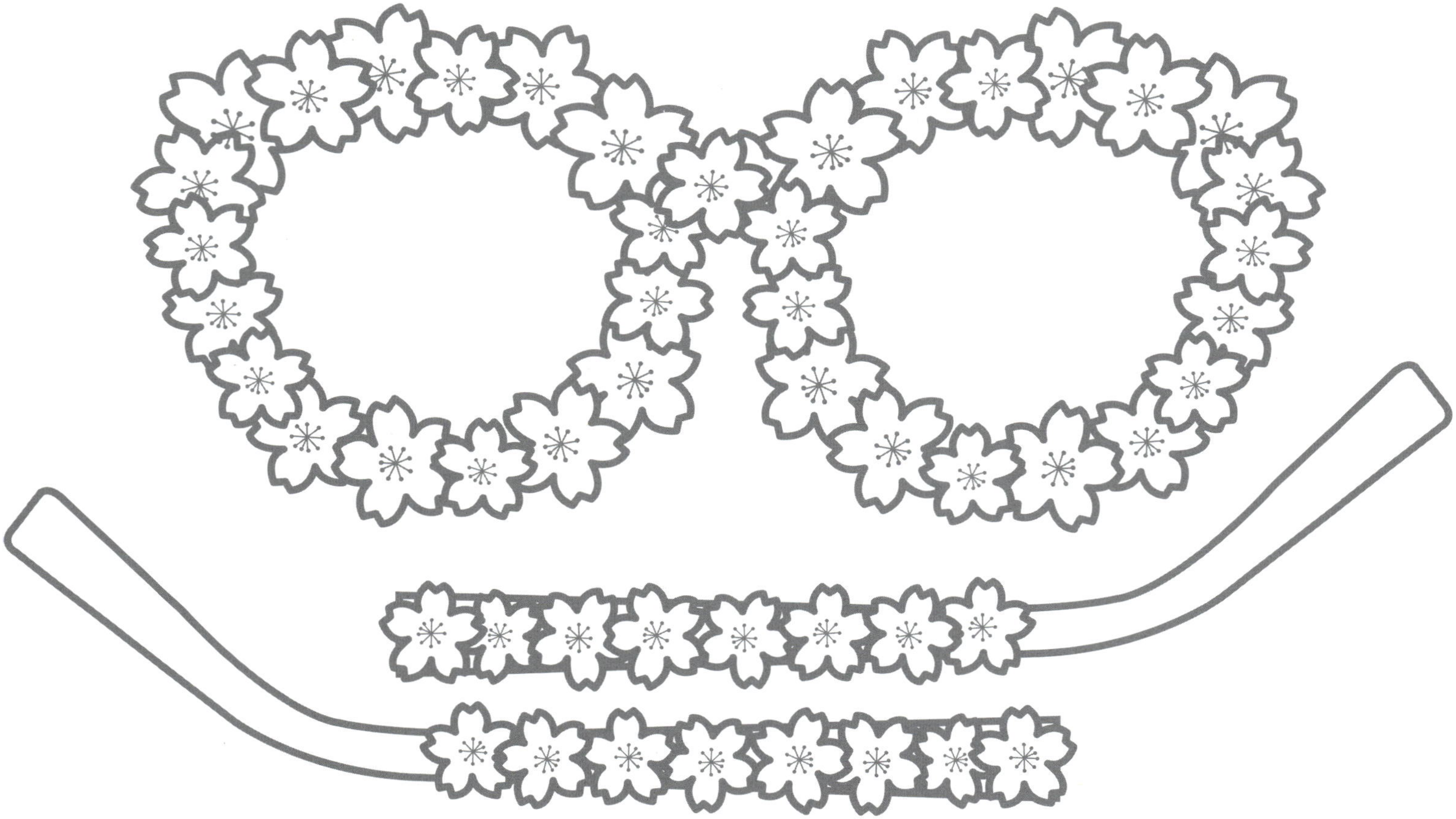

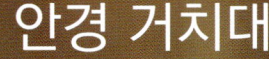

안경 거치대

CHAPTER 02 패션 | 안경 거치대

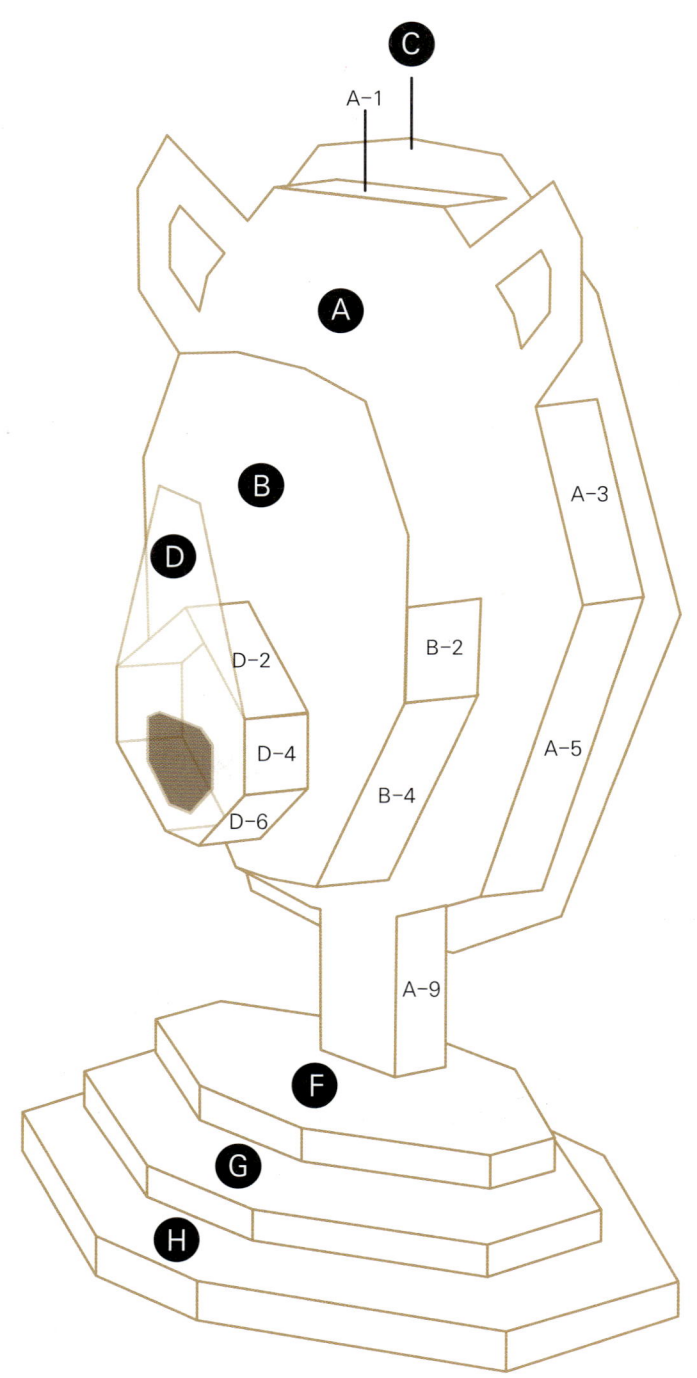

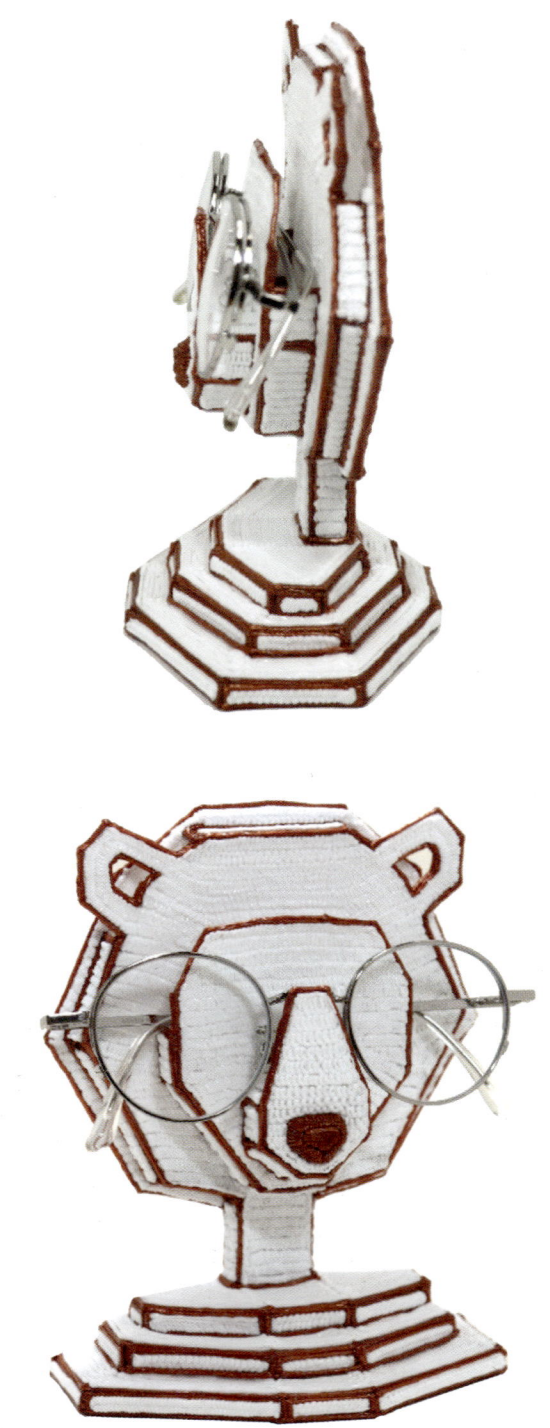

82 | 모두의 3D펜

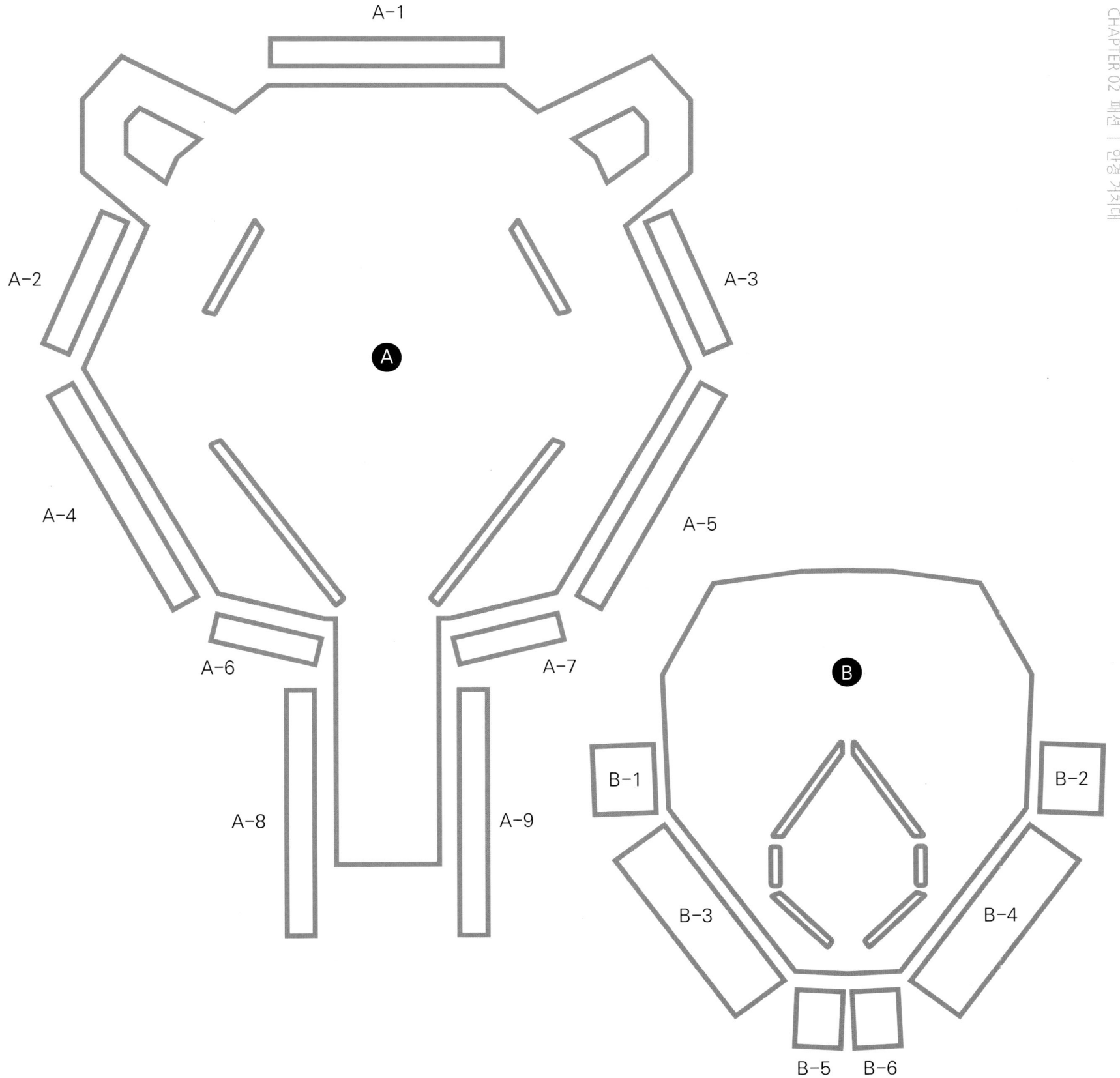

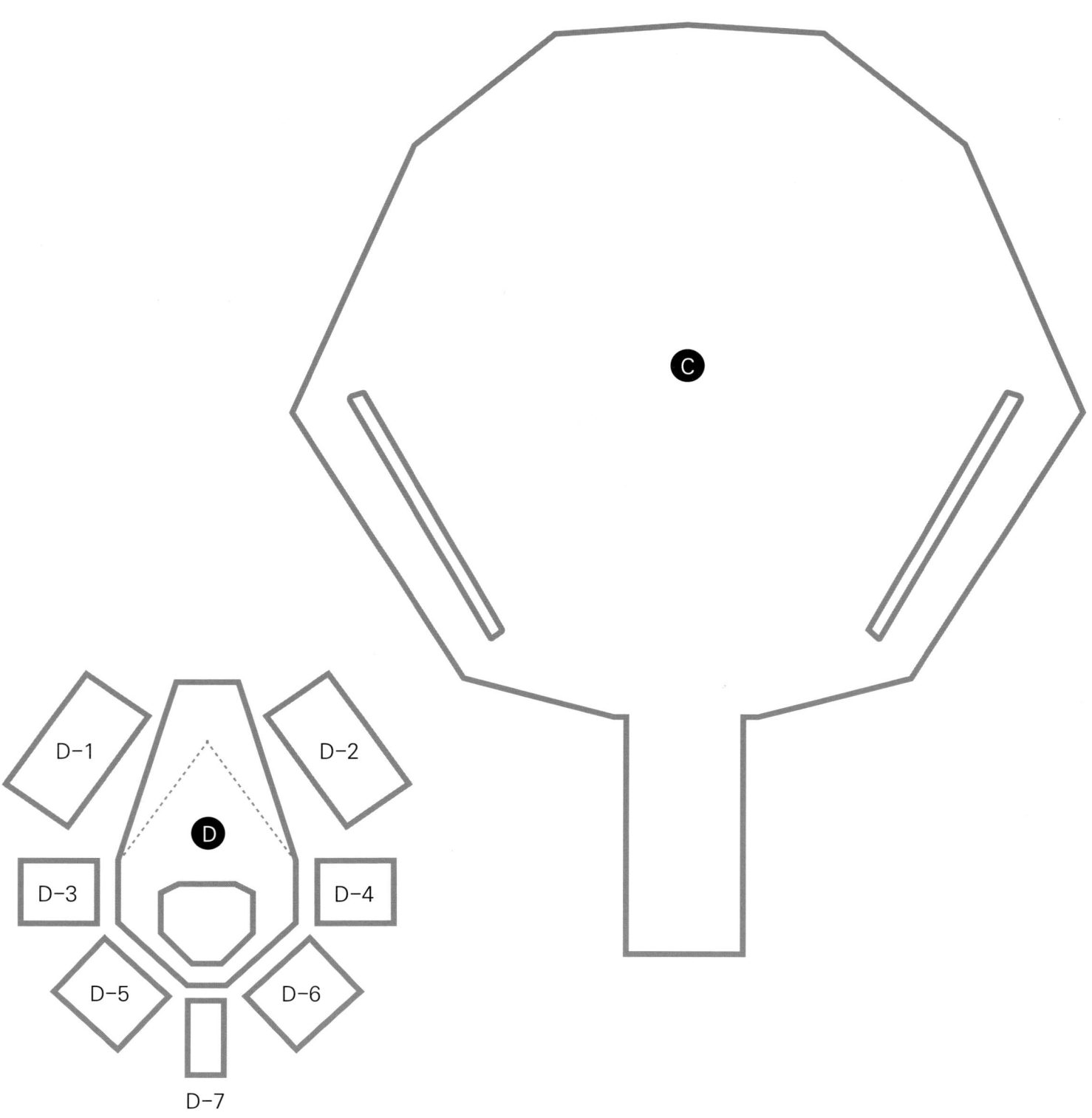

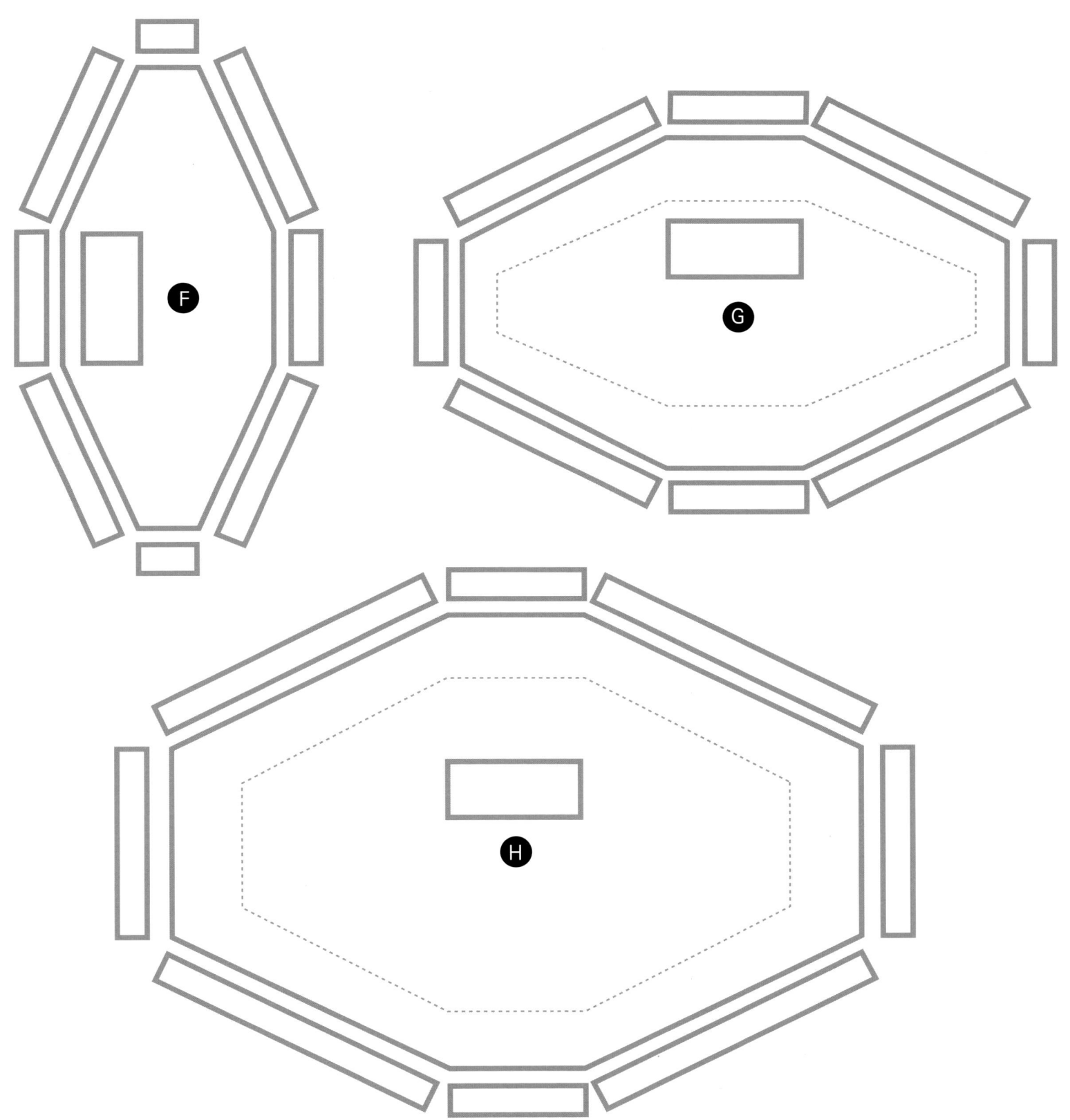

요리

컵받침

티백 보관함

TIP
C 도안에 패턴을 자유롭게 그린 후, 채워보세요.

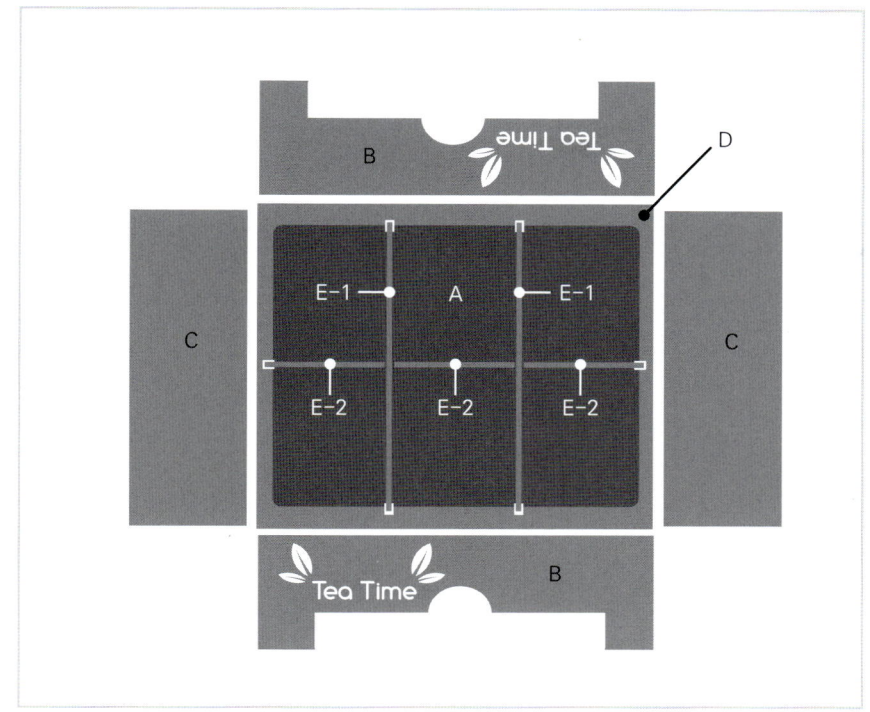

E-1
내부 칸막이

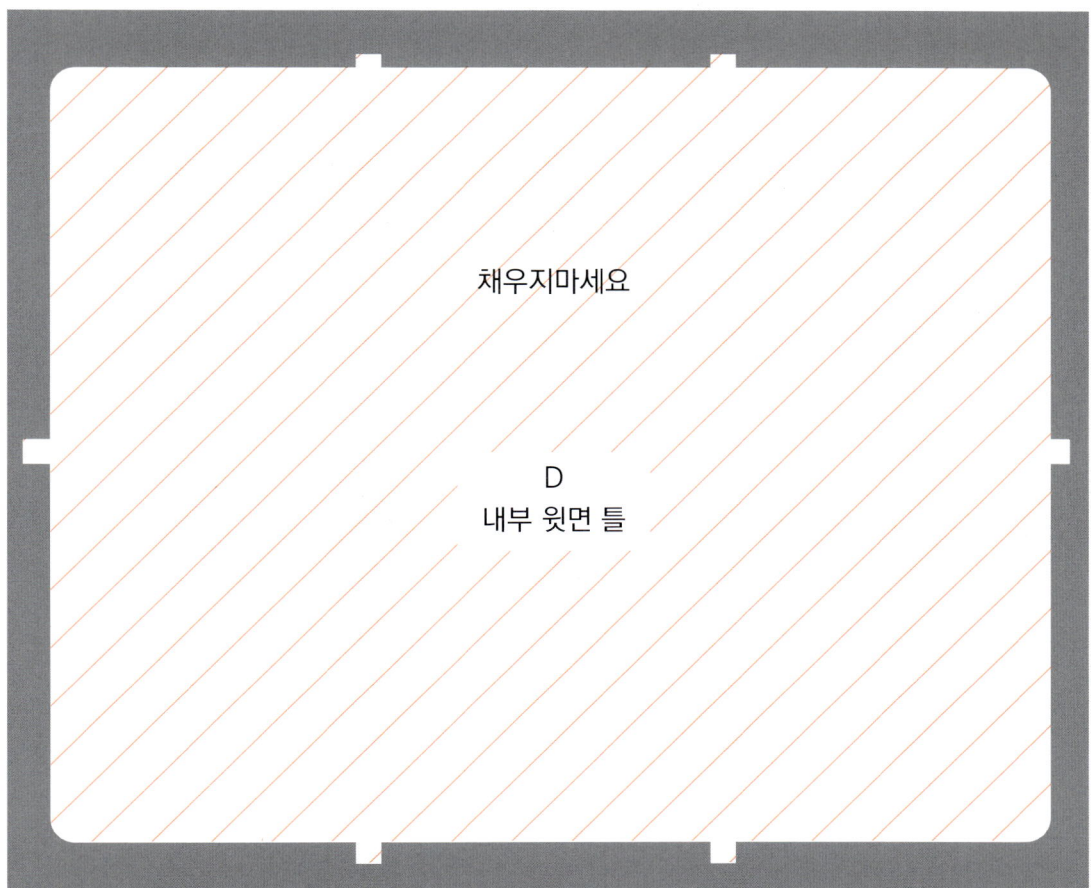

E-2
내부 칸막이

계란 보관함

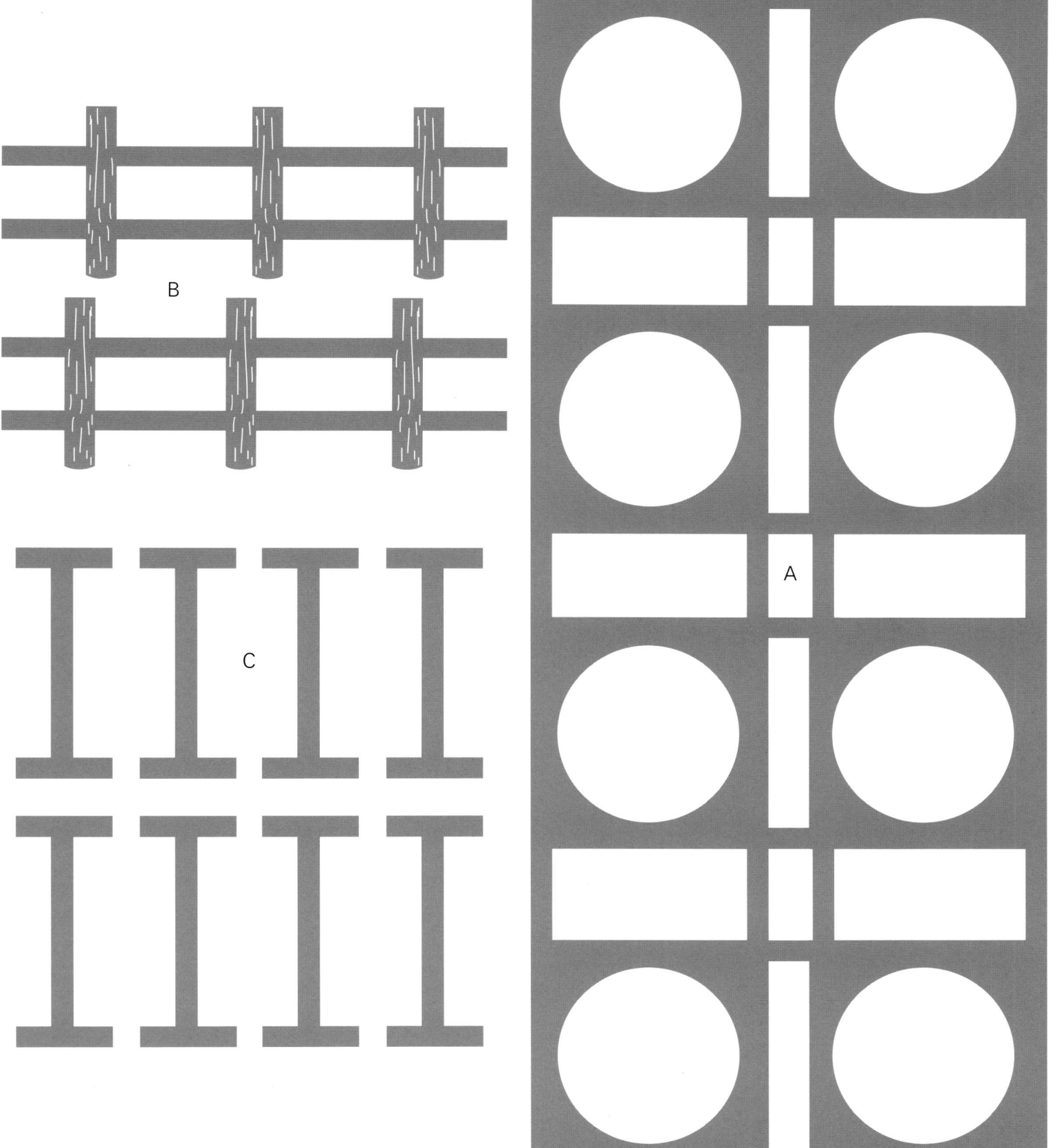

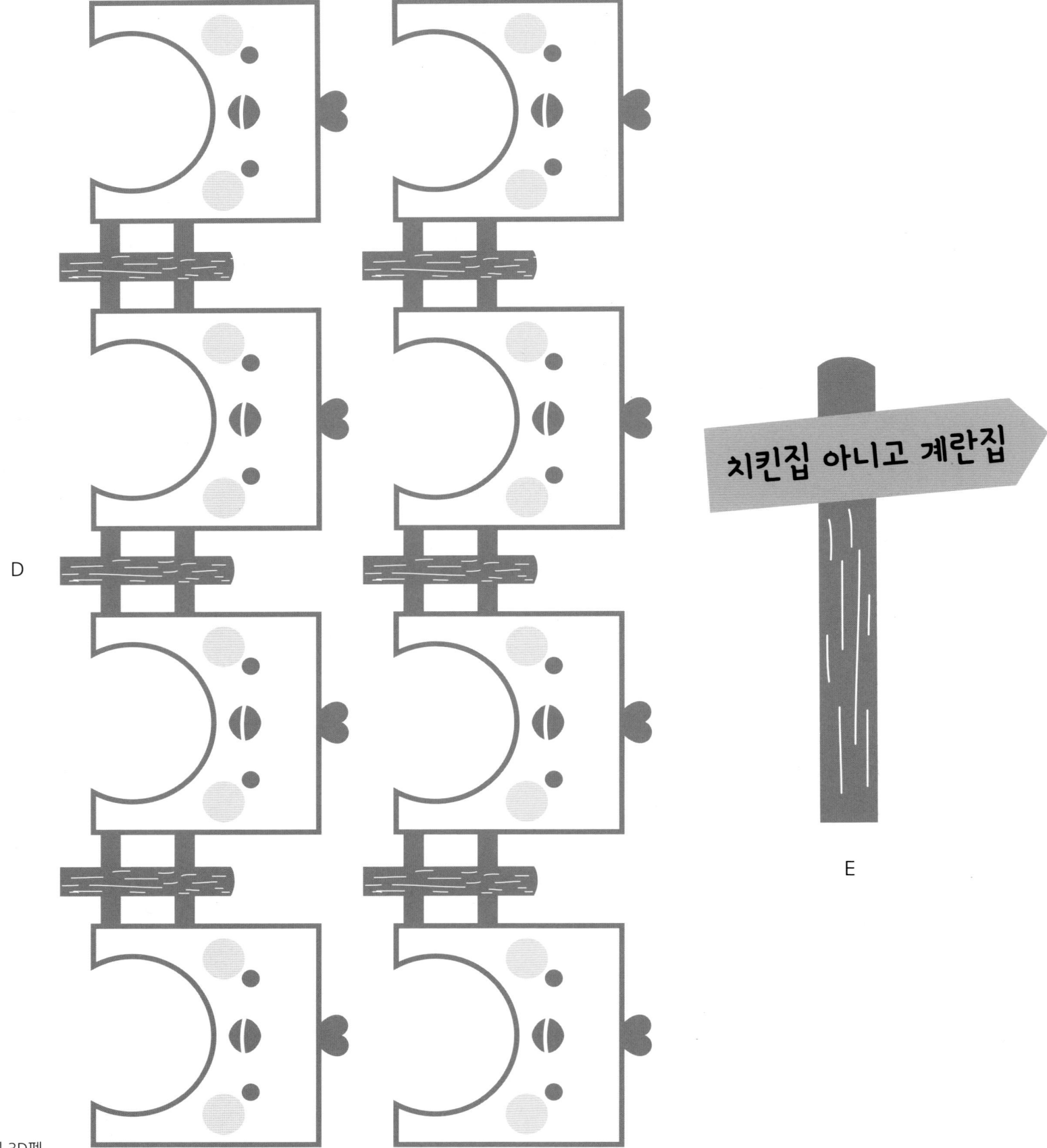

팥빙수

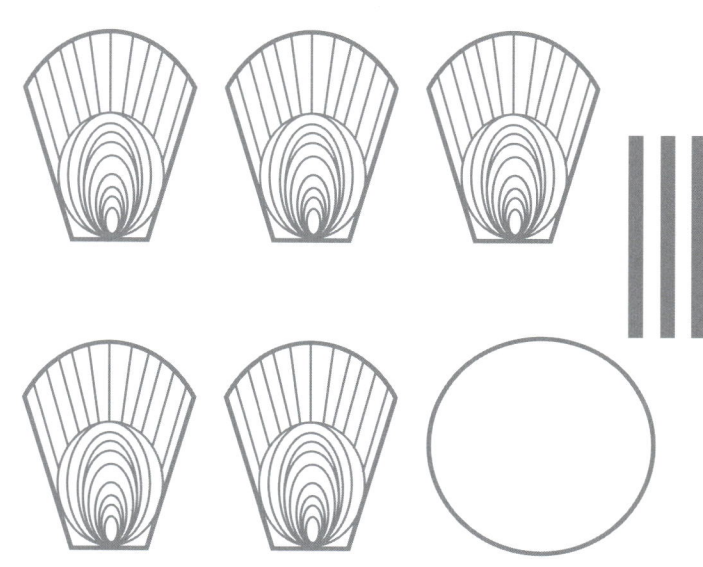

음식

식기

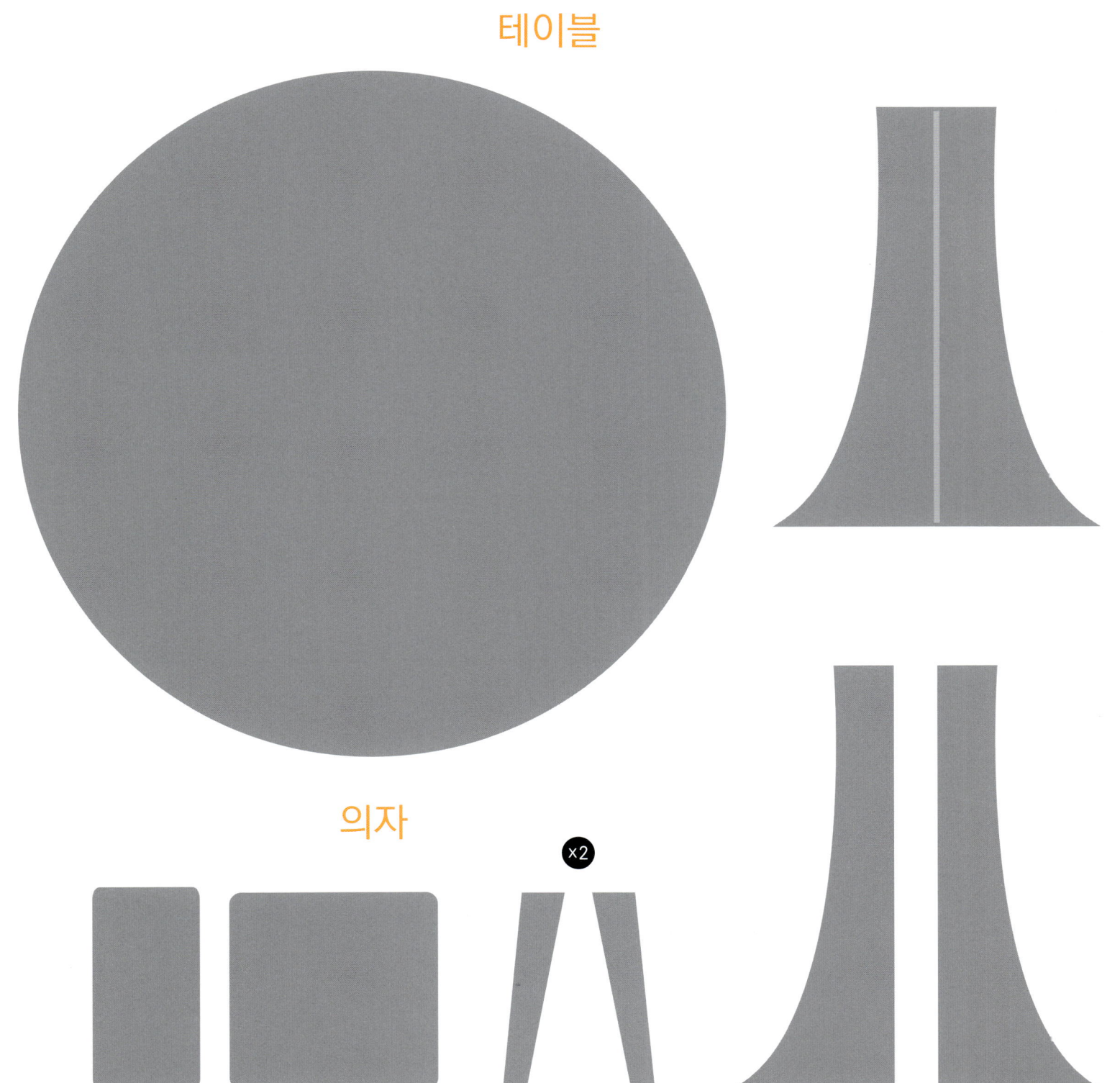

원예

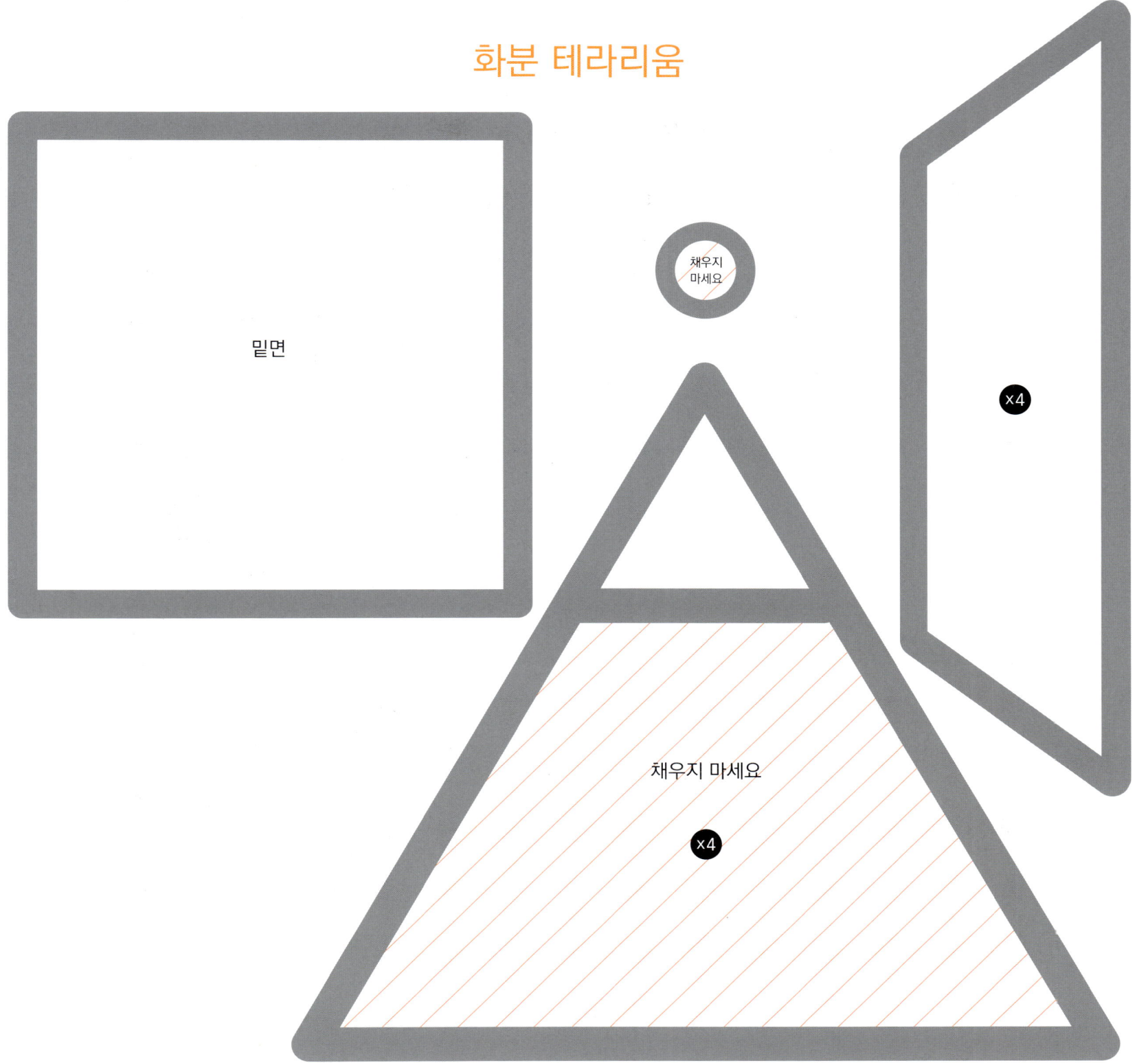

나팔꽃

TIP 굳기 전의 조각을 휘는 작업을 진행할 때는 반드시 장갑을 착용해주세요.

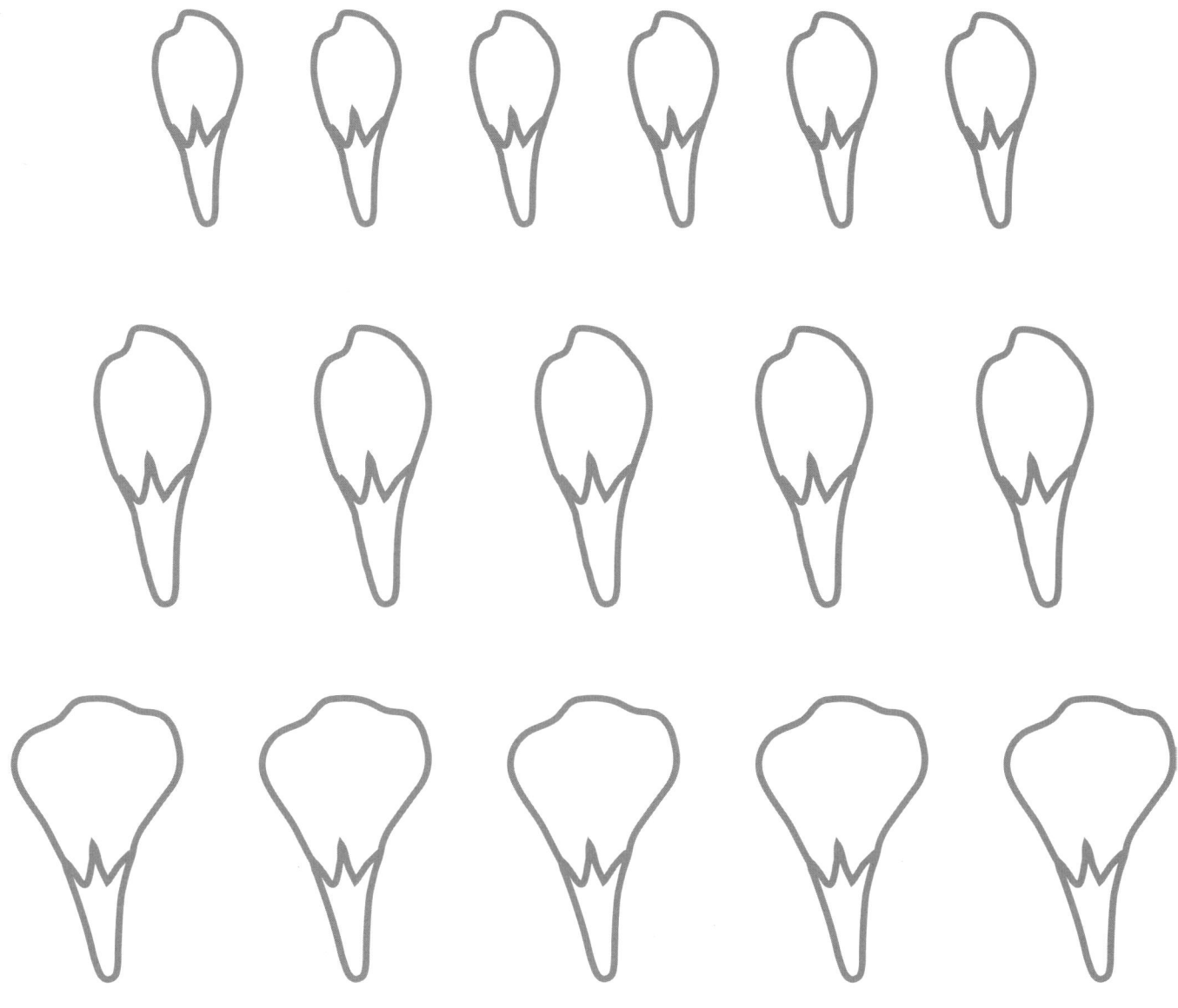

TIP
조각을 따라 그린 후 굳기 전에 휘어 나팔꽃 잎을 완성하고 하나로 모아 이어 붙여주세요.
작은 꽃잎은 안쪽으로 모아 봉오리로 만들고, 큰 꽃잎은 활짝 핀 꽃잎으로 표현해주세요.

꽃받침을 따라 그린 후 굳기 전에 휘어 그림처럼 만들고 103쪽에서 완성한 꽃잎과 이어 붙여주세요.

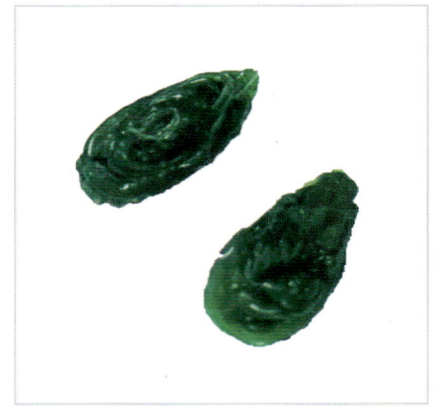

나뭇잎을 따라 그린 후 굳기 전에 구겨주세요.

넝쿨

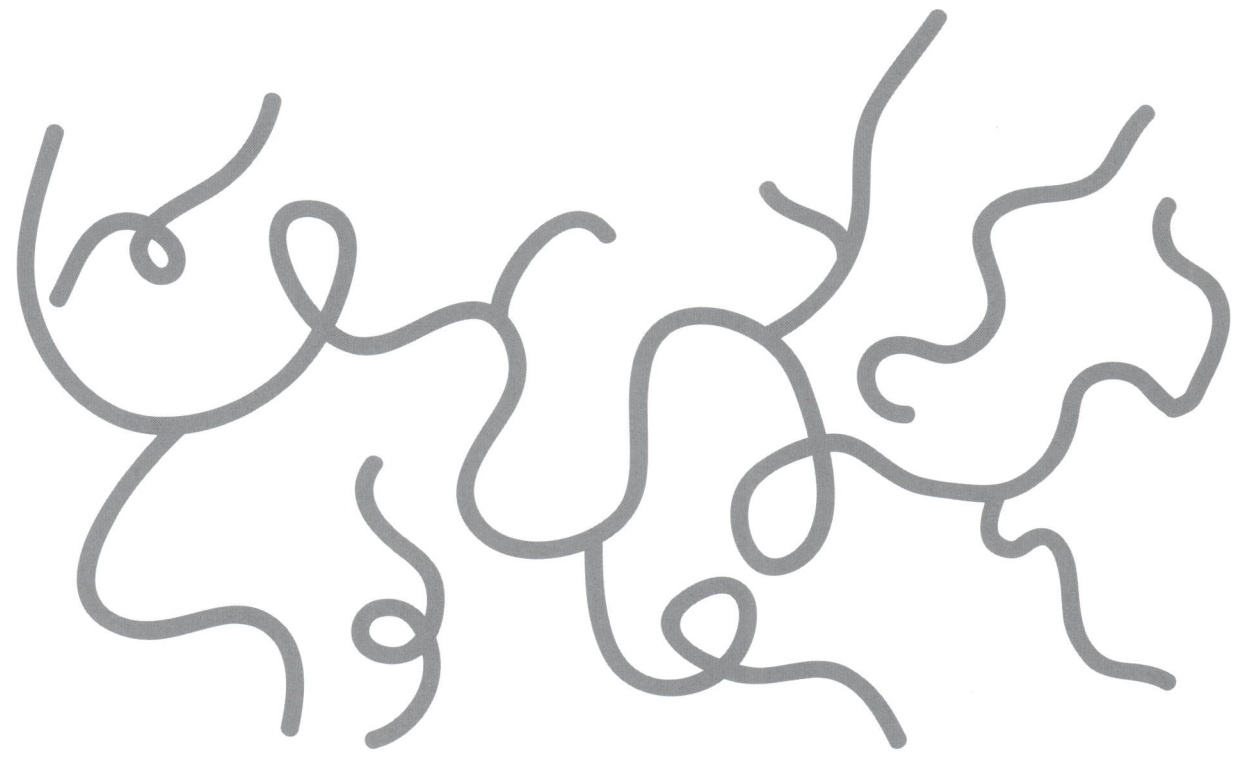

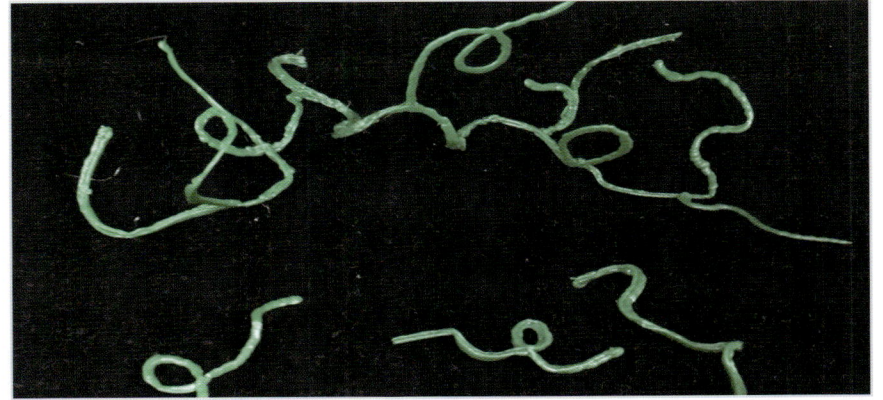

완성한 넝쿨을 손으로 구겨 입체로 만들어주세요. 끊어지는 부분은 3D펜의 속도를 가장 느리게 맞춘 후 이어 붙인 뒤 다듬어주세요.

화분 트렐리스

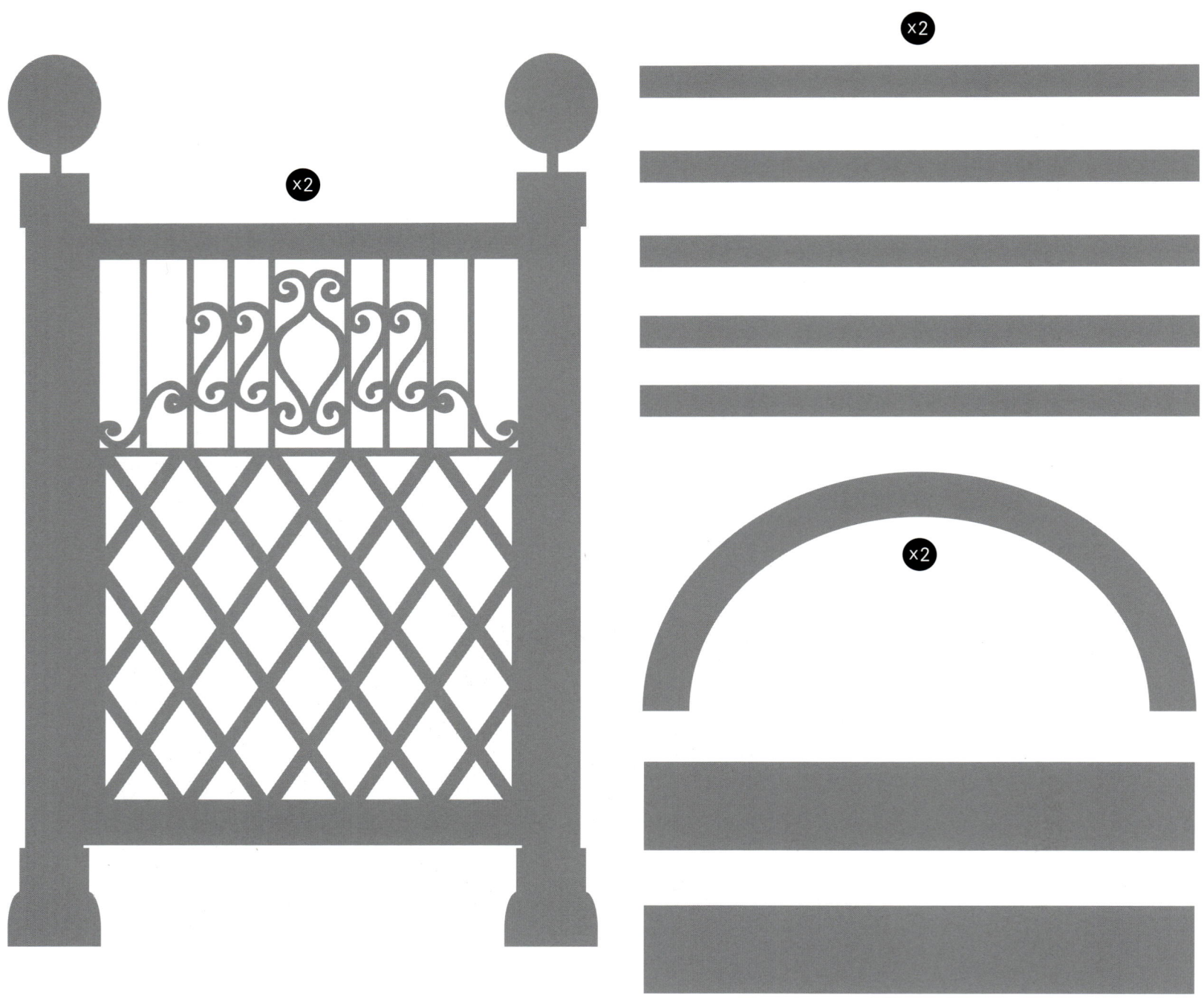

선인장 화분

TIP
109쪽 도안으로 선인장 틀을 만든 후,
공중 그리기 기법으로 채워
입체적으로 표현해주세요.

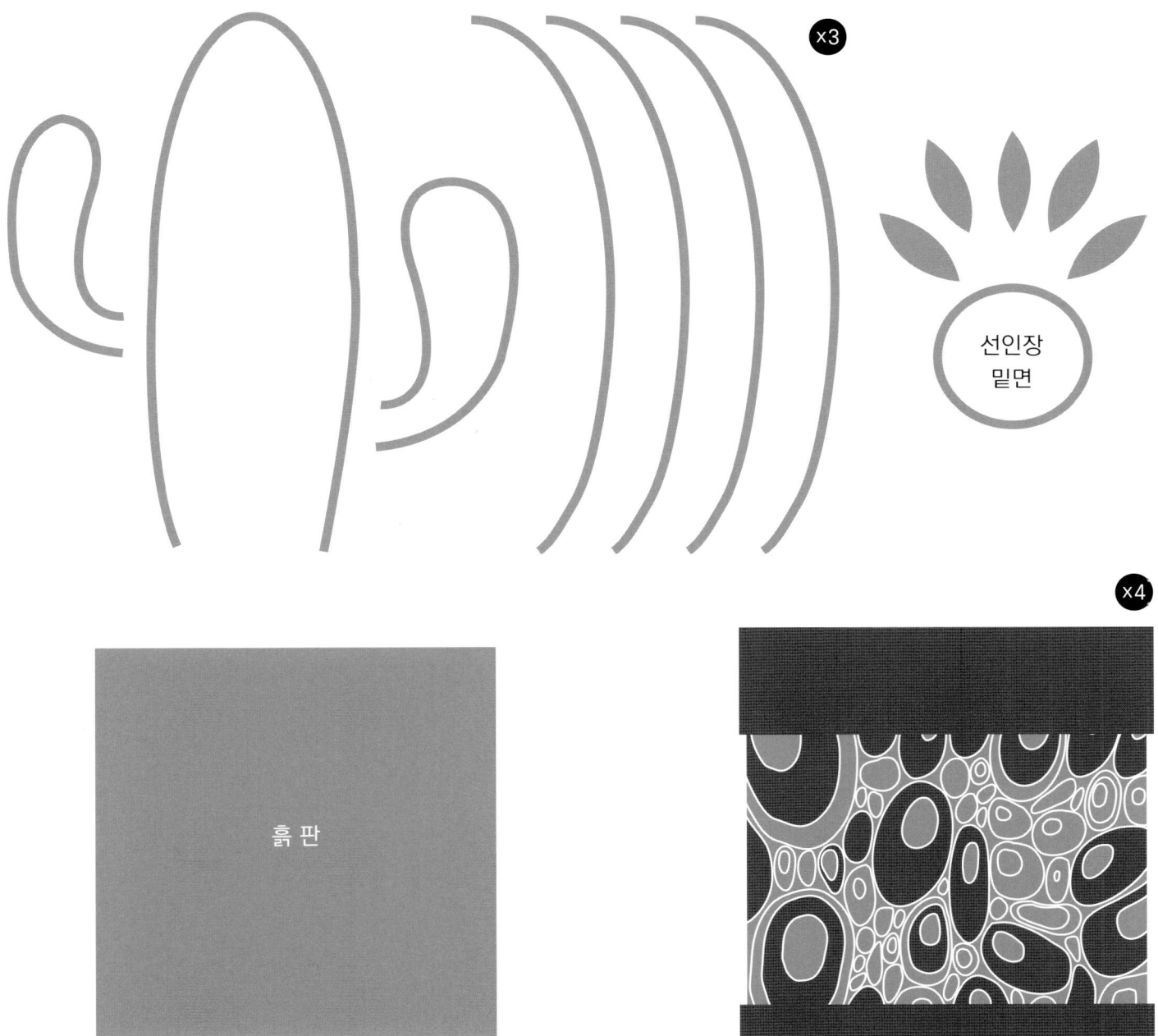

알로에 화분

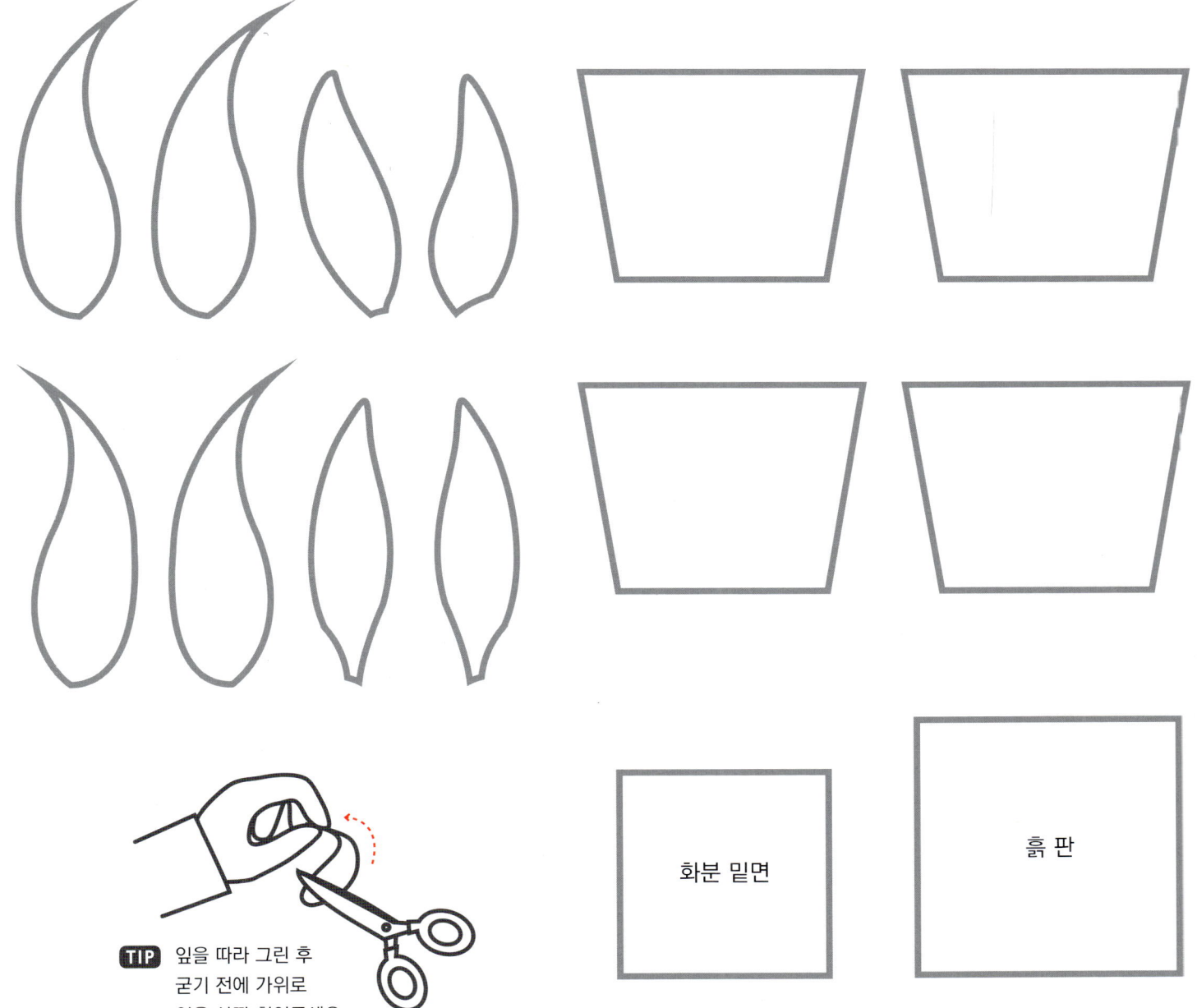

소나무

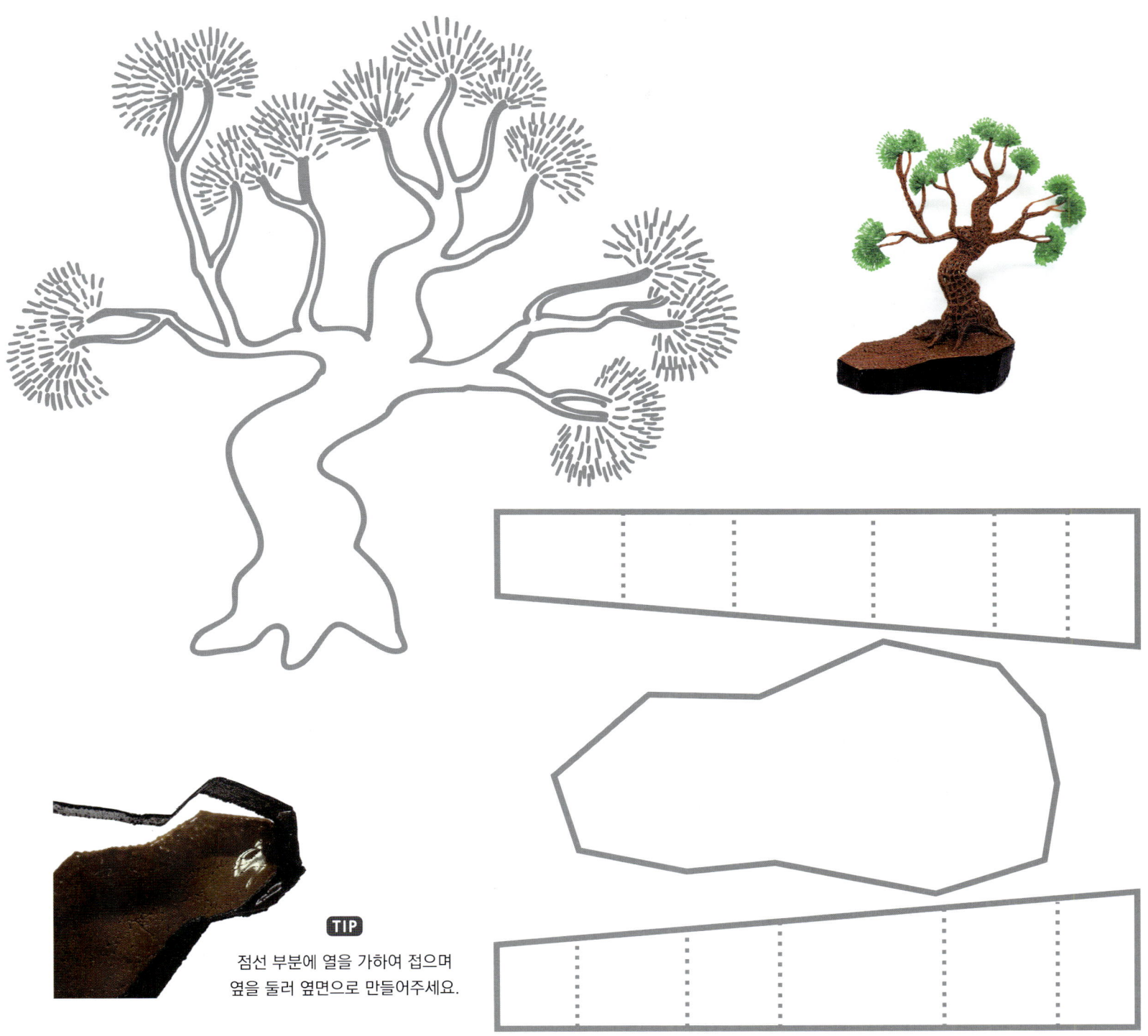

TIP 점선 부분에 열을 가하여 접으며 옆을 둘러 옆면으로 만들어주세요.

장미꽃

나비 · 화분 네임보드

인테리어

스테인드글라스 조명

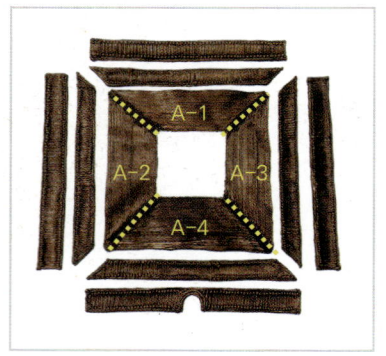
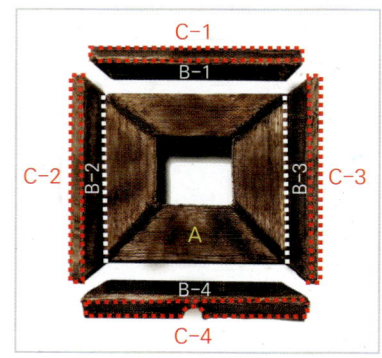

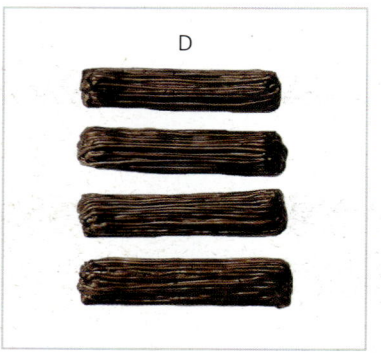
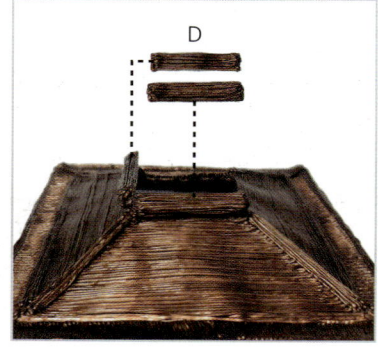

1. 119쪽 도안을 따라 그려주세요.
2. A-1, A-2, A-3, A-4 조각을 이어 붙여 사각뿔대 모양을 만들어주세요.
3. B-1, C-1 조각을 이어 붙이고 나머지 B, C 조각도 서로 이어 붙여주세요. (B-2, C-2 / B-3, C-3 / B-4, C-4)
4. 3번에서 완성한 조각들을 2번에서 만든 A 조각 사방에 붙여주세요.
5. D 조각을 만들어 사각뿔대 위에 붙여주세요.

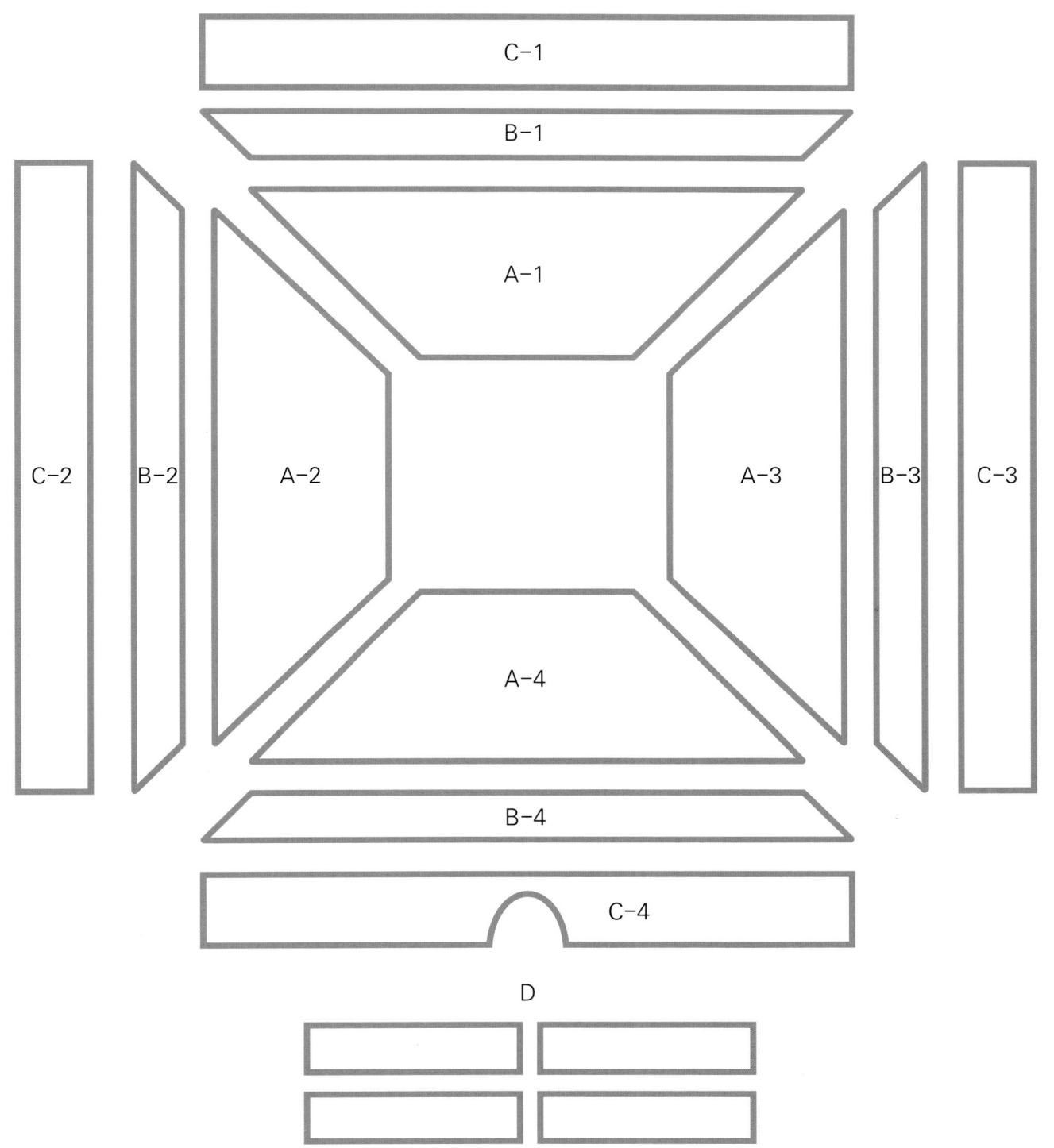

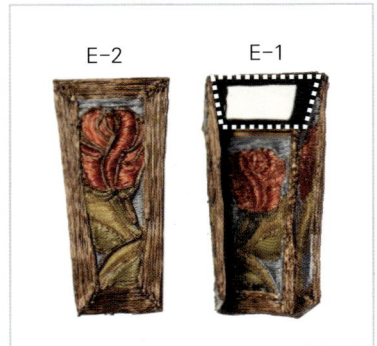

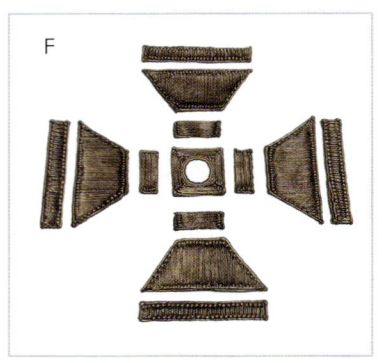
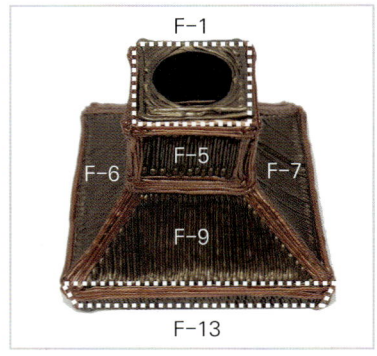

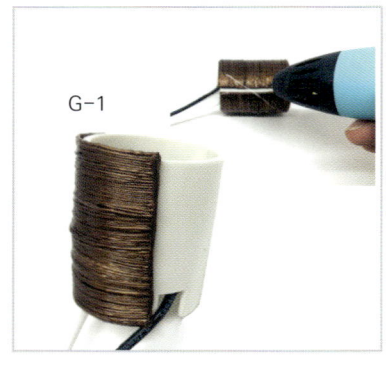

6. E-1 조각을 1개, E-2 조각을 4개 만들어주세요.
7. E 조각들을 이어 붙여 입체로 만들어주세요.
8. 완성된 E 조각을 118쪽 5번에서 만든 조각 위에 붙여주세요.
9. F 조각들을 이어 붙여 입체로 만들어주세요.
10. 헤어드라이어로 G-1 조각에 열을 가하고 굳기 전에 소켓에 맞추어 감싸주세요. (전구소켓 123쪽 참고)
11. G-1 조각이 맞닿은 부분을 칠하여 이어 붙여주고 G-2 조각 위에 붙여주세요.
12. G-3 조각을 G-2 조각의 사방에 붙여주세요.

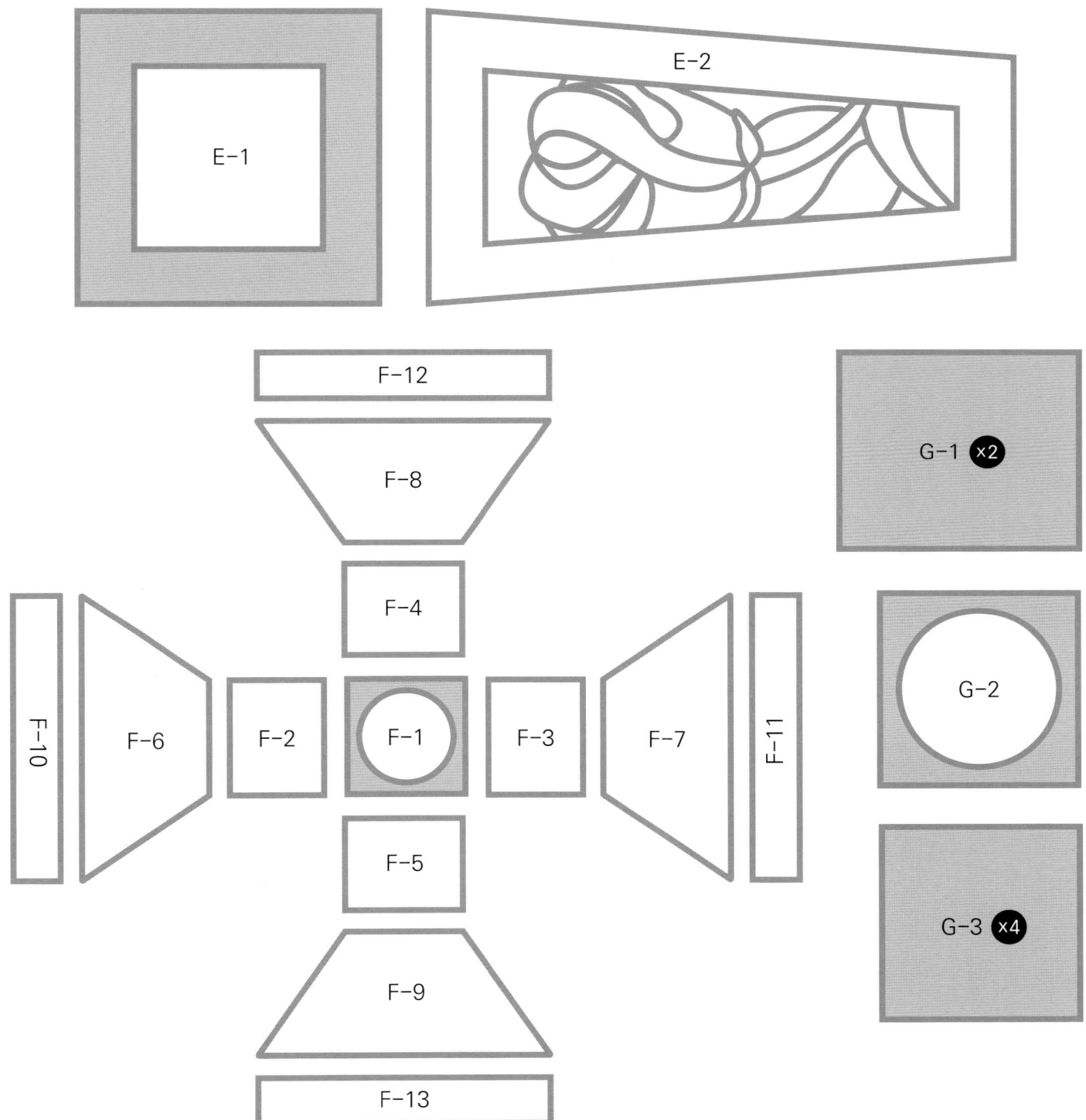

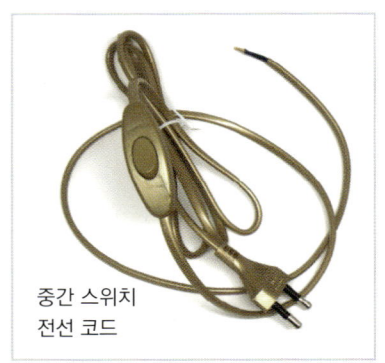
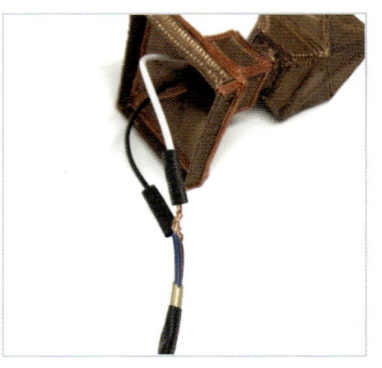
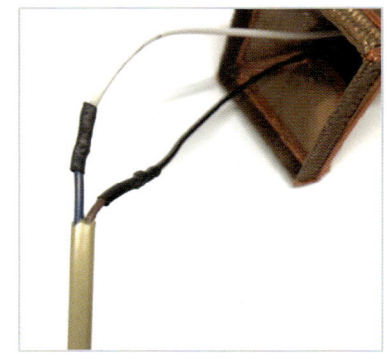

13. 123쪽 H-1 조각의 동그라미 라인을 따라 1cm 정도 천천히 쌓아 올려주세요.
14. H 조각을 이어 붙여 입체로 만들고 120쪽 13번에서 완성한 G 조각 위에 붙여주세요.
15. 15번에서 완성한 H+G 조각과 120쪽 10번에서 완성한 F 조각을 이어 붙이고 소켓 전선을 밑으로 빼내 주세요.
16. 소켓의 전선과 중간 스위치 전선의 피복을 벗겨 서로 이어준 후 열수축튜브 또는 절연테이프로 마감해주세요(중간스위치 전선 및 열수축튜브 123쪽 참고).
17. 17번 작업이 완료된 조각을 120쪽 9번에서 완성한 E 조각 위에 붙여주세요.
18. E 조각을 덧칠해 높낮이를 주어 입체적으로 표현해주세요.

TIP 필수 준비 부자재: LED 전구(E14), 소켓(E14), 중간스위치 전선, 열수축튜브 또는 절연테이프

1. LED 전구
- 규격: E14 (높이 약 100mm / 폭 35mm)
- 전구색(2700K)=오렌지

2. 소켓
- 규격: E14(높이 약 35mm / 폭25mm)

3. 중간스위치 전선 (스위치+코드 세트)
- 규격: 전선 길이 2M*0.75mm / 스위치 6*2*1.5cm
- 전압: 2.5A 250V

4. 열수축튜브/절연테이프
- 규격: 4mm

* 열수축튜브 사용 방법:

1. 전선의 피복을 벗겨주세요. | 2. 열수축튜브를 적당한 길이(약 4~5cm)로 잘라주세요. | 3. 각 전선을 잘라놓은 수축 튜브를 통과시켜주세요. | 4. 통과한 전선과 이어 붙일 전선을 꽈배기처럼 꼬아 연결해주세요. | 5. 이어준 부분에 열수축튜브가 오게 한 후 헤어드라이어로 가열하여 수축시켜주세요. **TIP** 라인을 따라 1cm 정도로 천천히 쌓아 올려주세요.

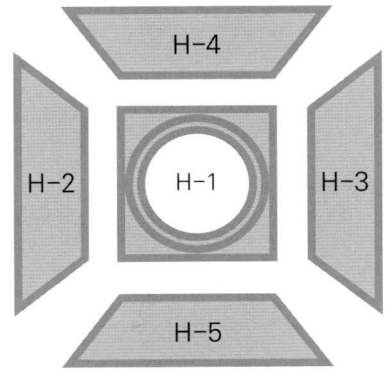

TIP 라인을 따라 약1cm 정도 천천히 쌓아 올려주세요.

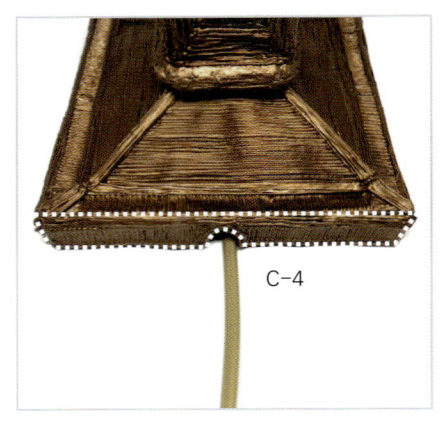
C-4

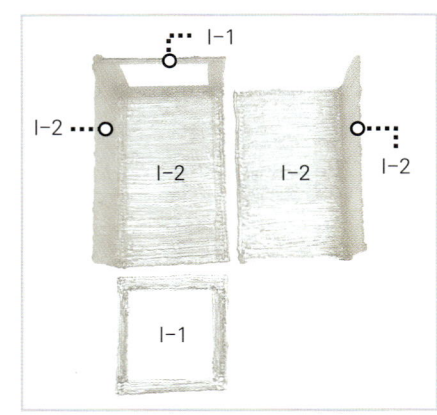

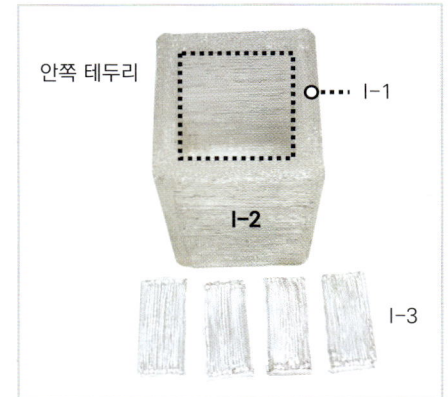
안쪽 테두리

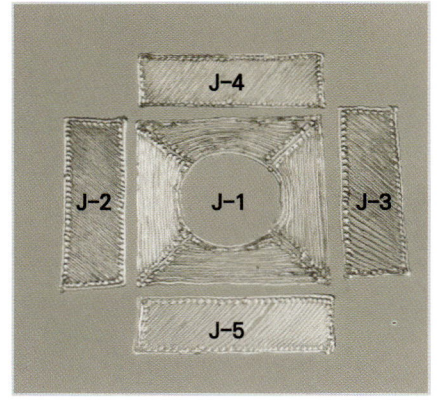

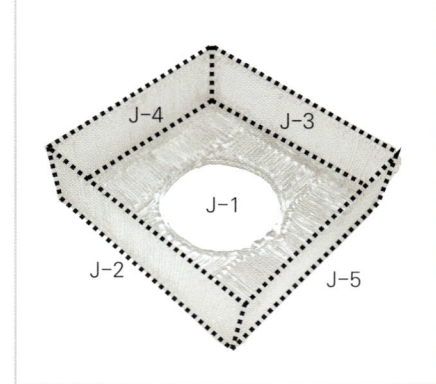

19. 중간스위치 전선을 C-4 조각 구멍으로 통과시킨 후 3D펜으로 마감해주세요.
20. I-1 조각 2개, I-2 조각 4개를 만들어주세요.
21. I-1 조각과 1-2 조각을 이어 붙여 입체로 만들어주세요.
22. I-3 조각을 1-1 조각 안쪽 테두리에 맞춰 세워 붙여주세요.
23. J-1, J-2, J-3, J-4, J-5 조각을 이어 붙여 입체로 만들어주세요.

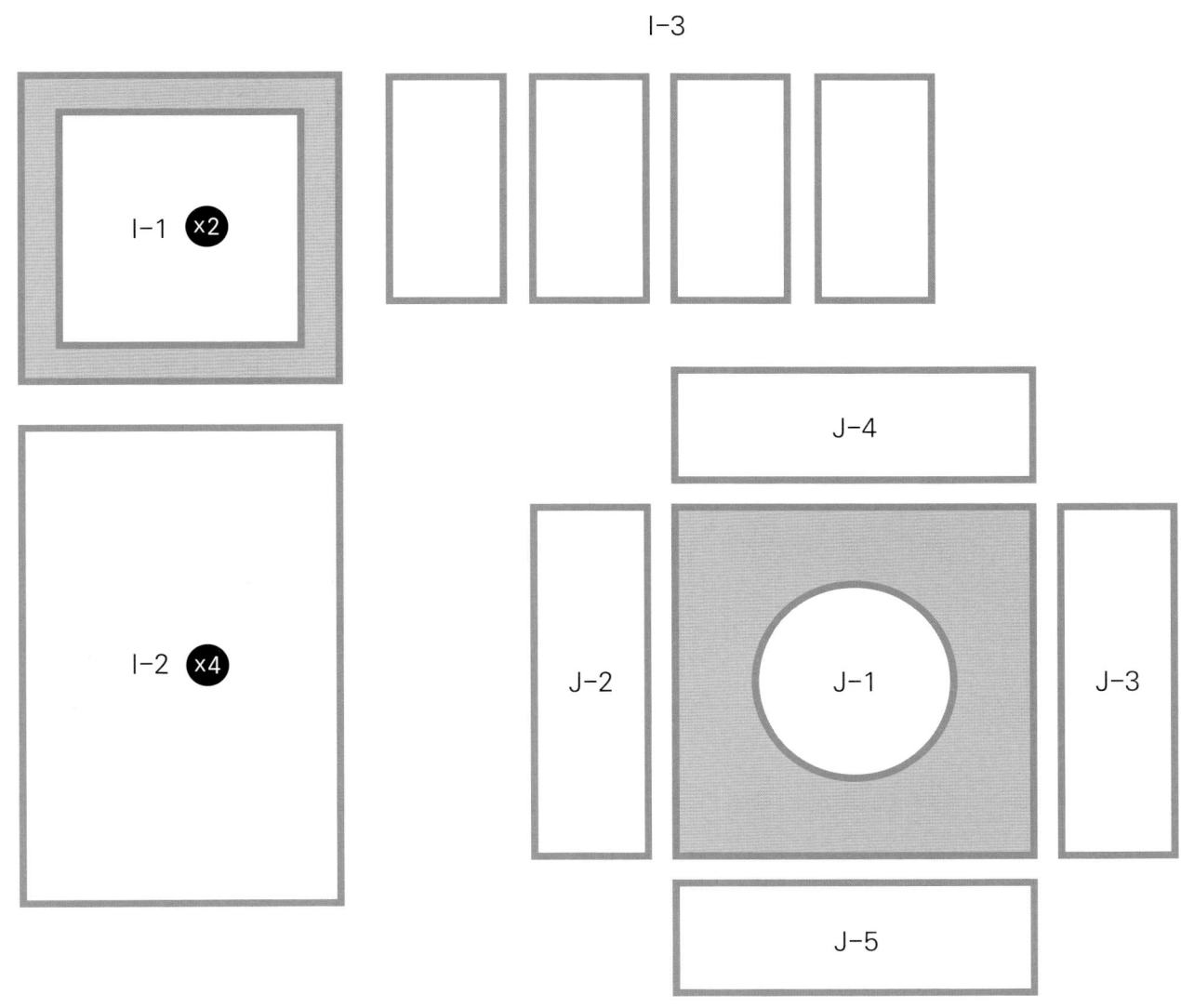

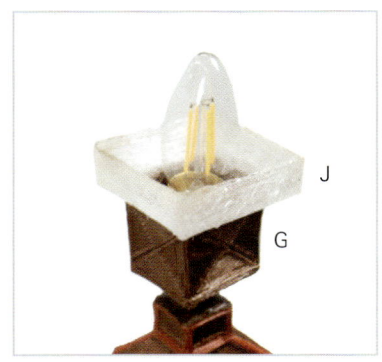

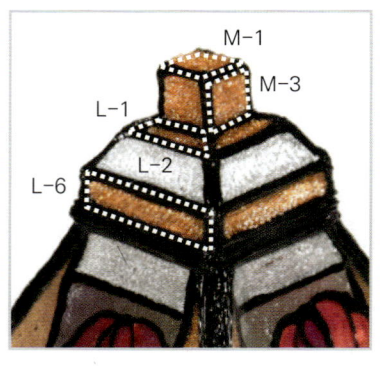
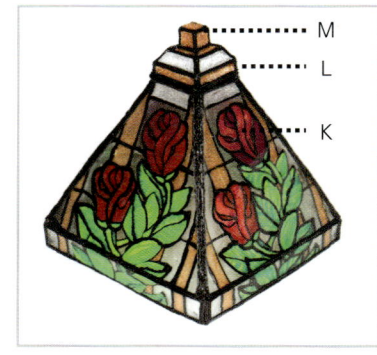

24. 125쪽 23번에서 만든 J 조각을 G-2 조각 위에 붙여주세요.
25. LED 전구를 G 조각 안에 있는 소켓에 돌려 끼워주세요.
26. 125쪽 22번에서 완성한 I 조각을 J 조각에 끼워주세요. (3D펜으로 붙이지 마세요)
27. K-1, K-2 조각을 4개씩 만들고 K-1 조각을 이어 붙여 사각뿔대 형태로 만들어주세요.
28. K-2 조각을 K-1 조각 밑에 붙여주세요.
29. L 조각을 이어 붙여 입체를 만들어주세요.
30. M 조각을 이어 붙여 입체를 만들고 L-1 조각 위에 이어 붙여주세요.
31. 완성된 조명 갓을 26번에서 작업한 조각 위에 얹어주세요.

캔들 홀더

TIP
적절한 크기의 원기둥 사물에 완성된 조각을 대고 헤어드라이어로 열을 가해 조각을 변형하여 원기둥 모양을 만들어보세요.

테이블 매트

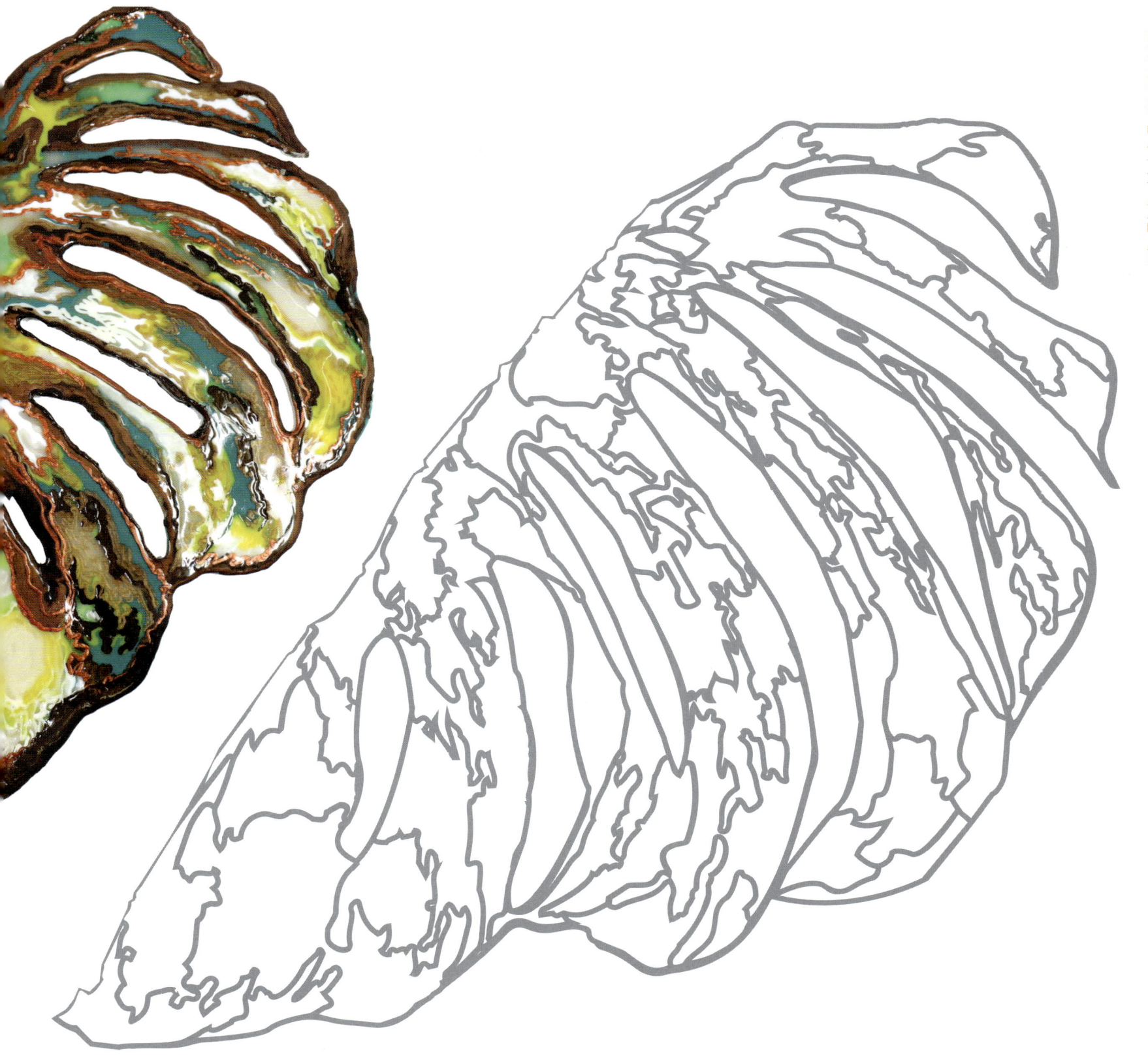

드림캐처

TIP 색깔 노끈을 활용하여 더욱 멋진 드림캐처를 완성해보세요.

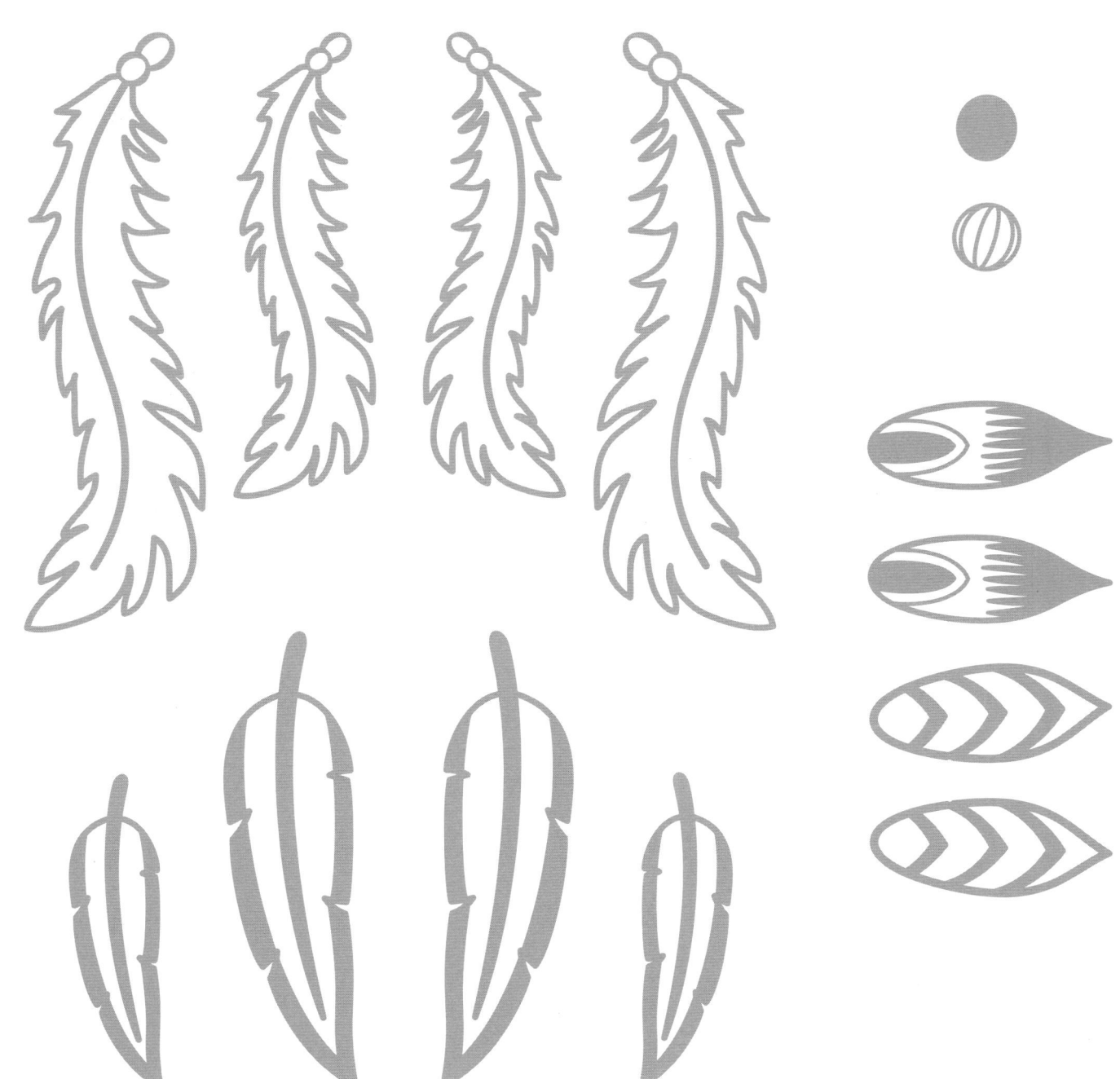

CHAPTER 02 인테리어 | 말 장식

136 | 모두의 3D펜

말 장식

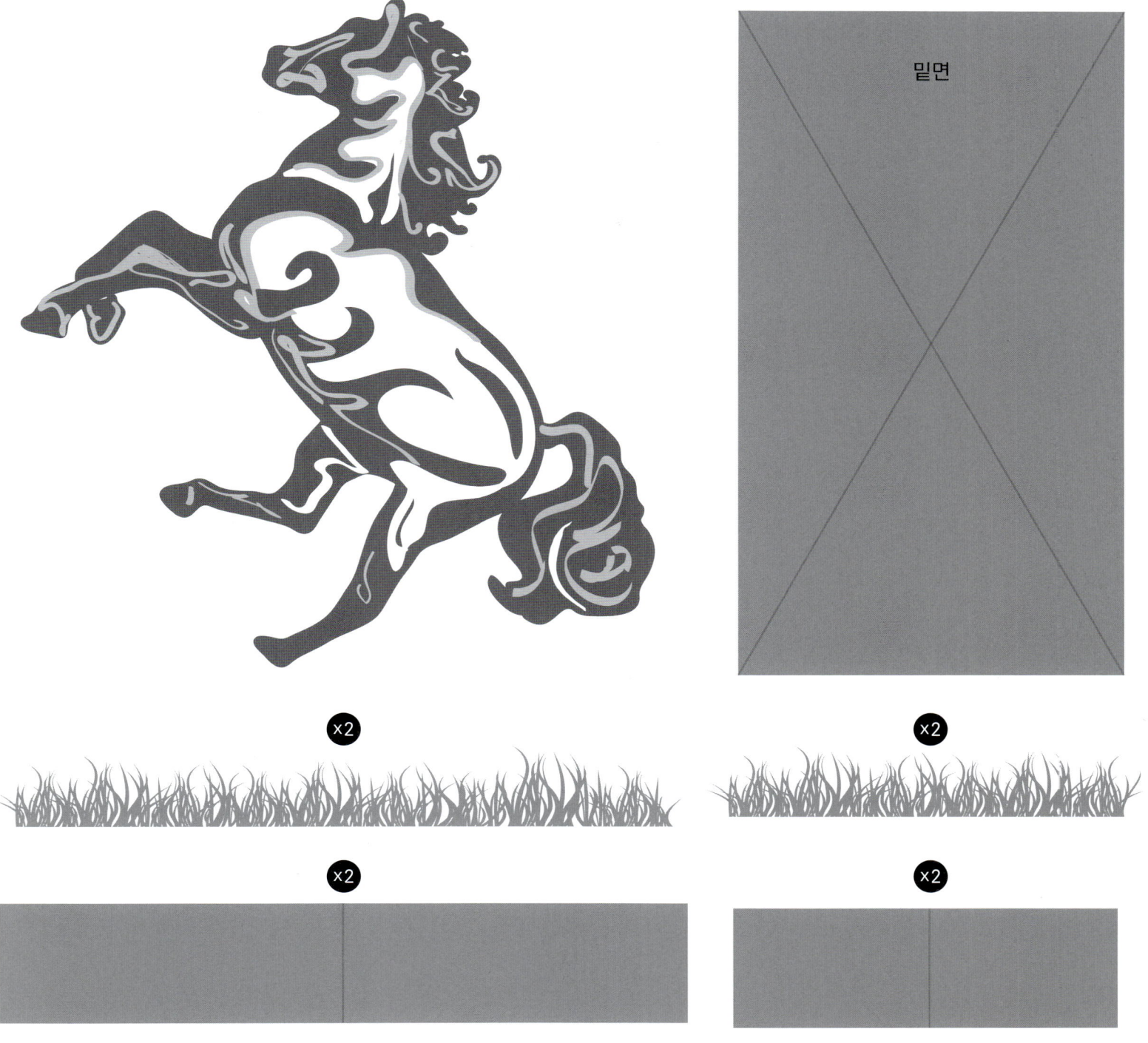

아트

CHAPTER 03

원 속의 원	140
모나리자	142
생명의 나무	144
절규	146
까치와 호랑이	148
십장생도	150
그림 거치대	153

내가 본 것을 그림에 담는 건

삶을 나누는 일이예요.

이걸로 당신의 세상이 더욱 커질 테니까

#더하기 예술

원 속의 원

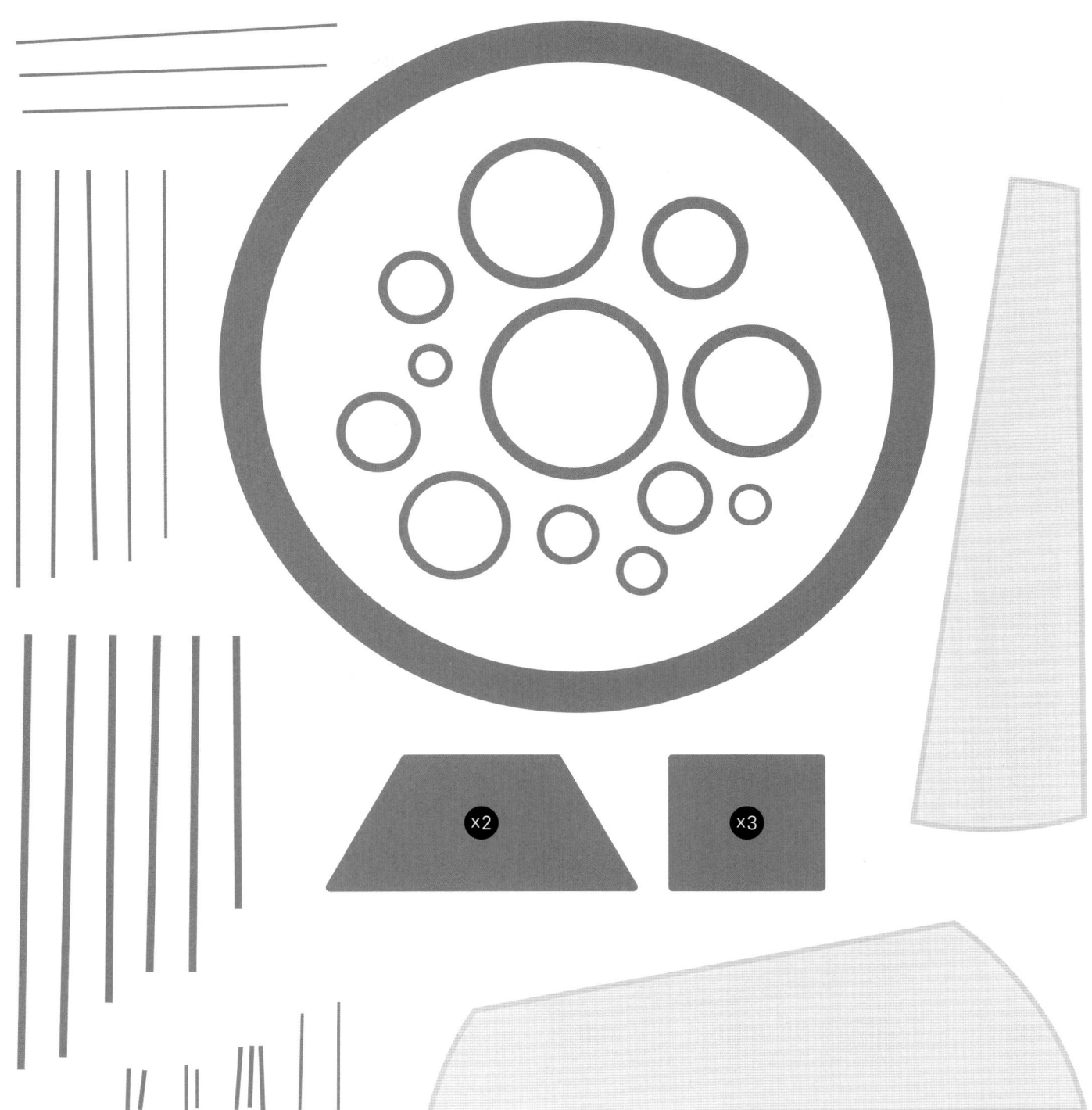

모나리자

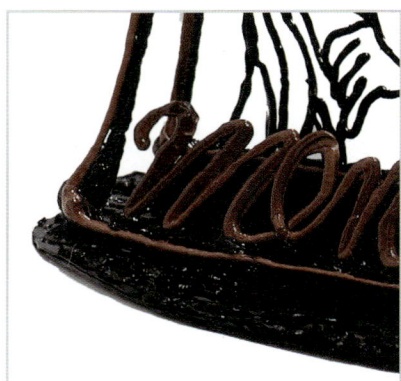

생명의 나무

모두의 3D펜 | 145

절규

까치와 호랑이

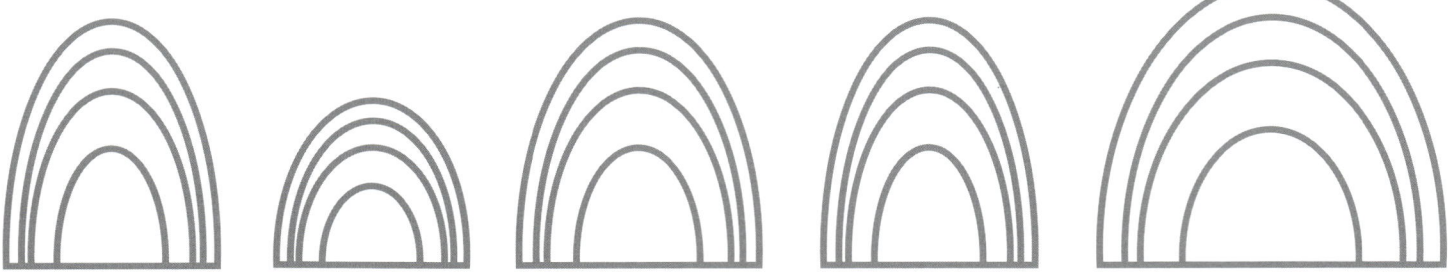

십장생도

150 | 모두의 3D펜

그림 받침대

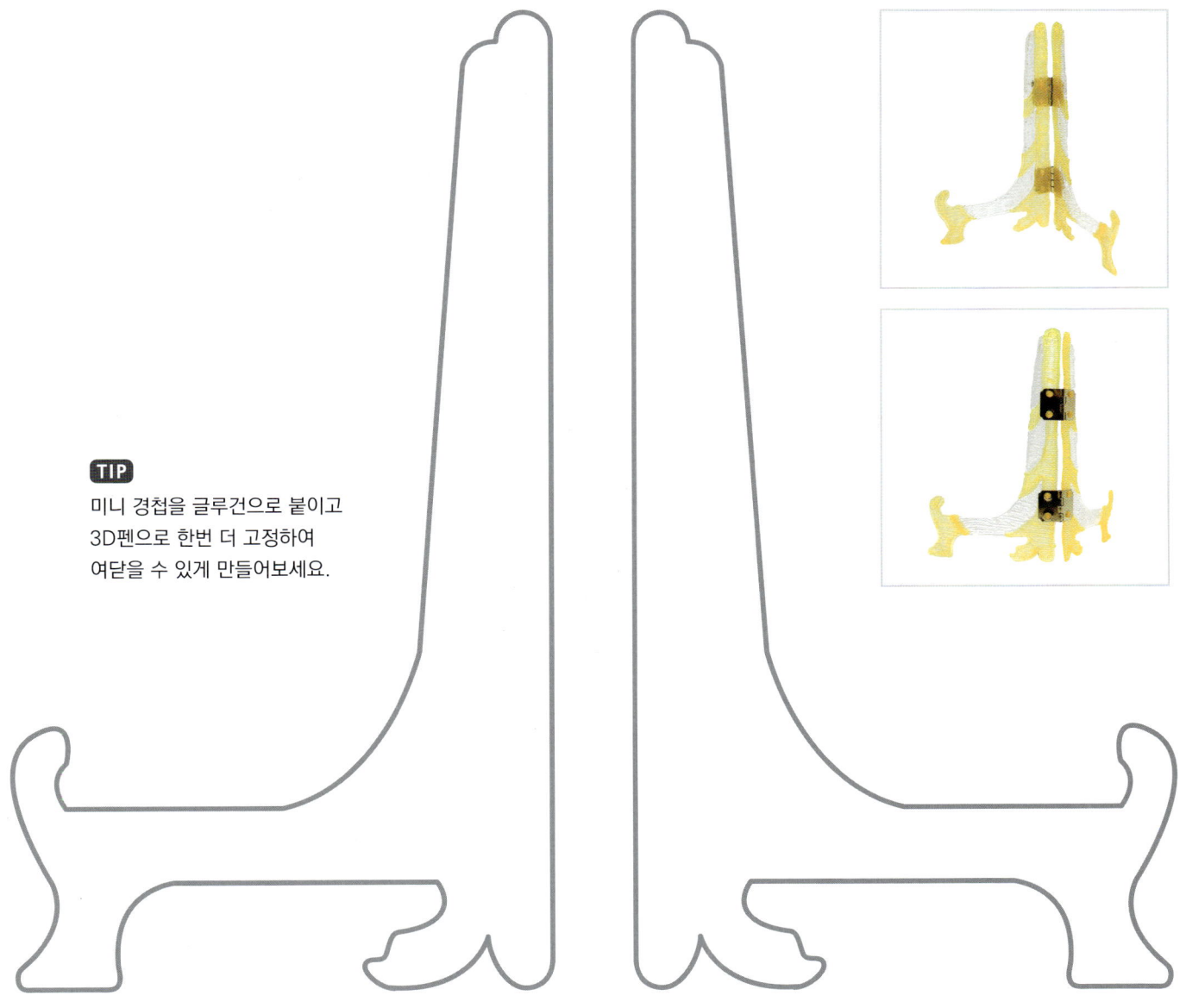

TIP
미니 경첩을 글루건으로 붙이고 3D펜으로 한번 더 고정하여 여닫을 수 있게 만들어보세요.

엔터테인먼트

CHAPTER 04

스타 · 연예인	156
만화 · 캐릭터	170
기념일	196

미소 하나…. 기쁨 둘…. 위로 셋….
내 마음 수놓는 넌 나의 밝은 별.

#나의 스타에게

스타 · 연예인

케이팝 스타

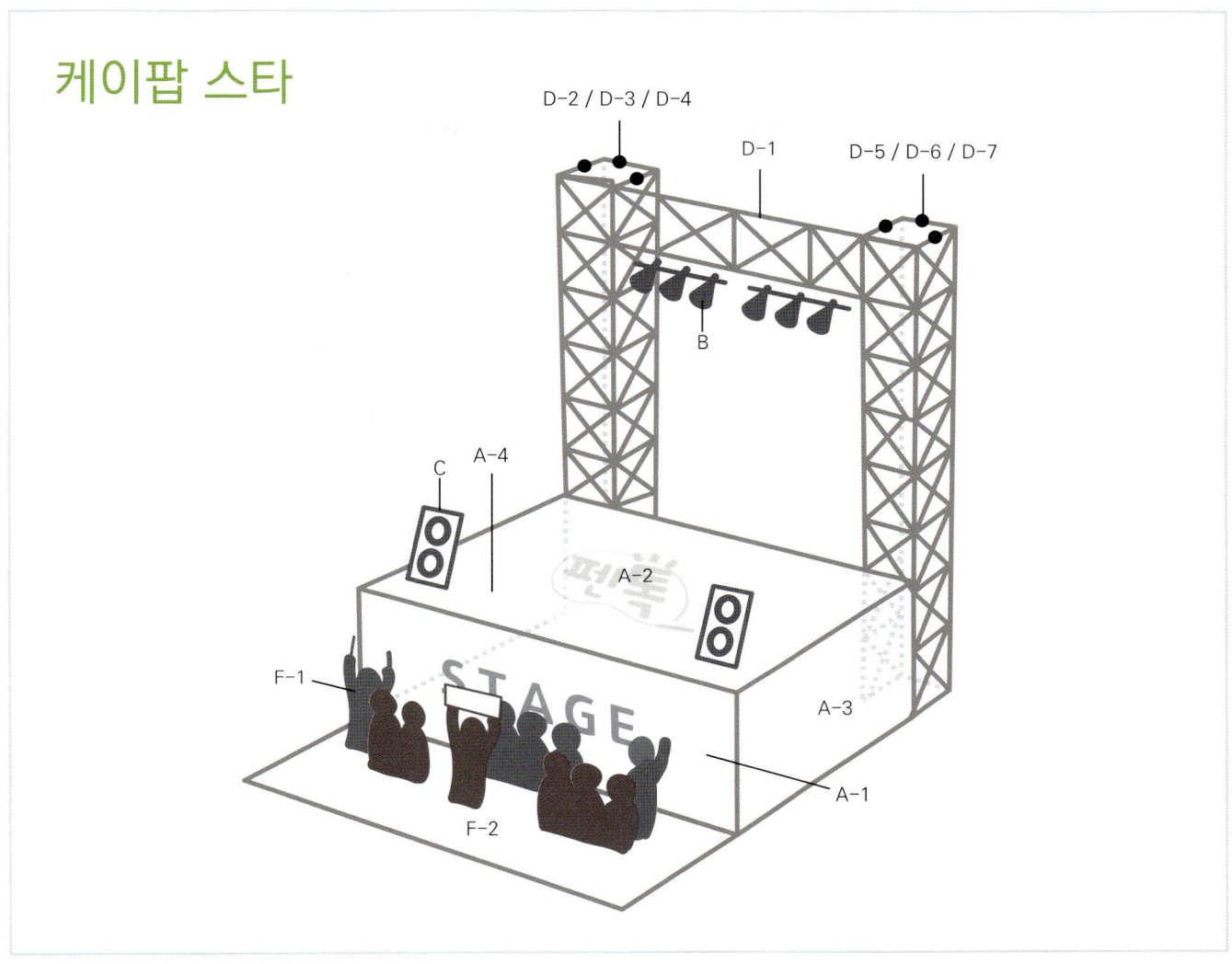

A-1

STAGE

A-2

A-3

A-4

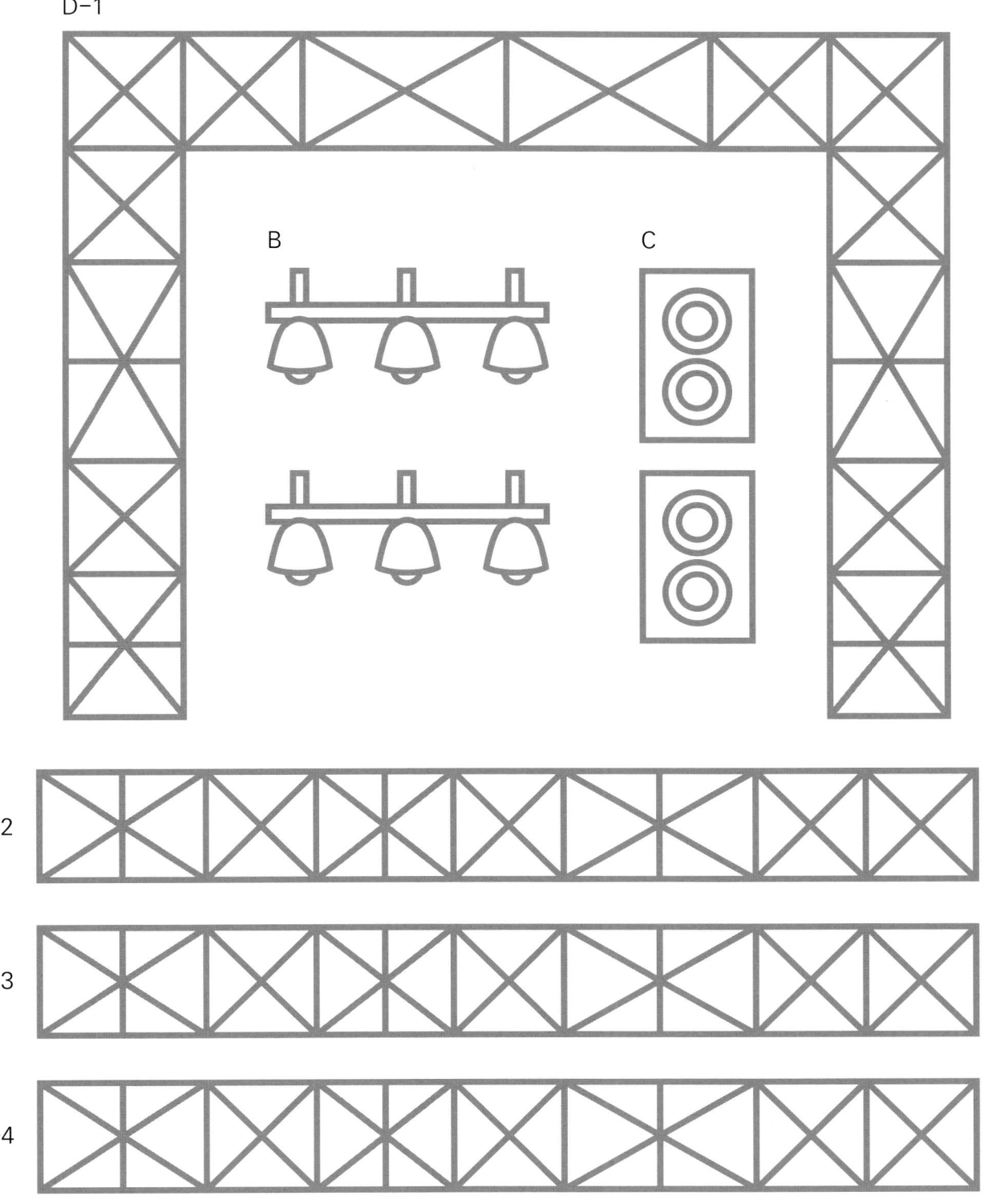

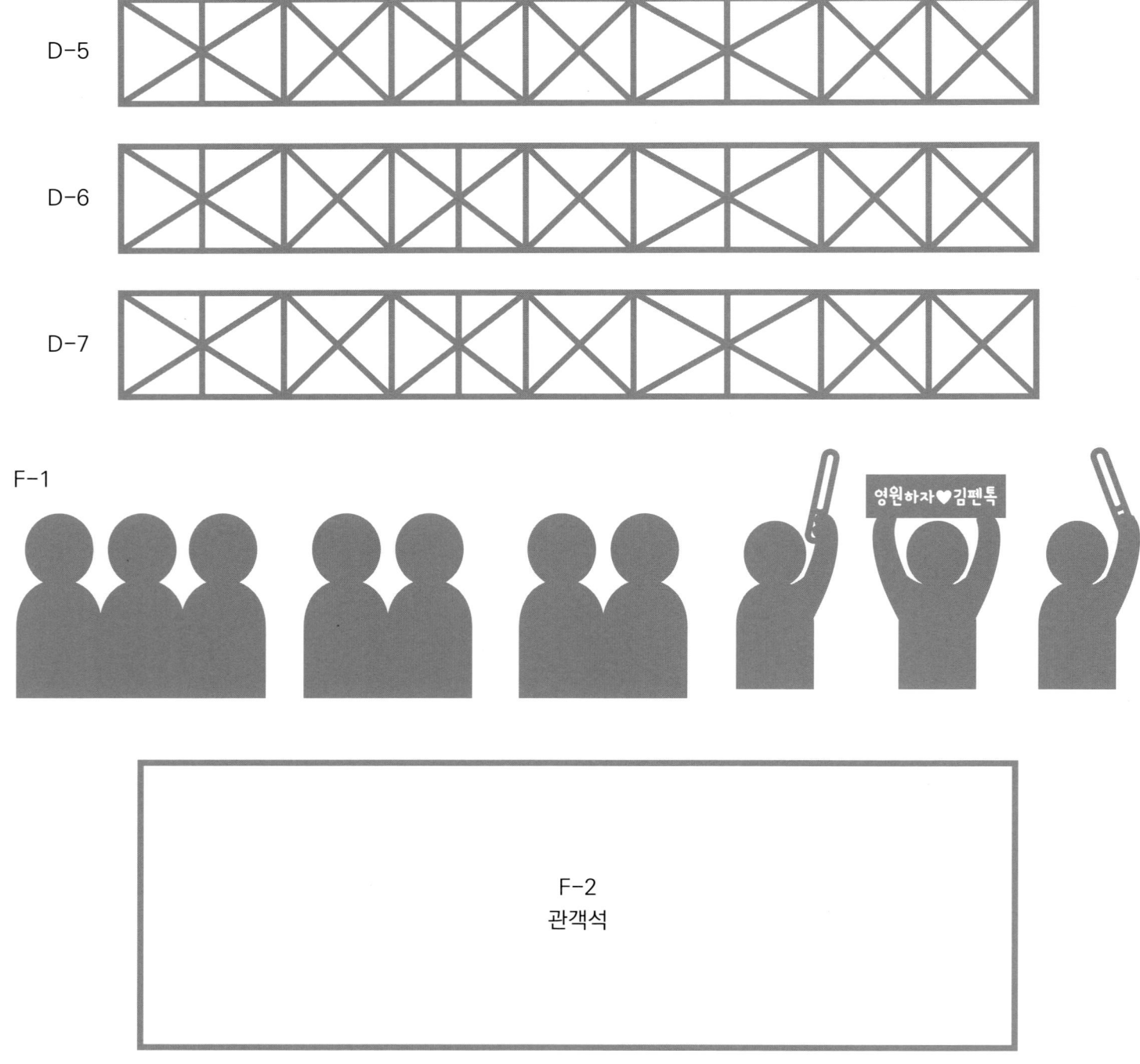

TIP 마음에 드는 도안을 3D펜으로 따라 그리고 조각들을 이어 붙여 케이팝 스타를 완성해보세요.

G

H

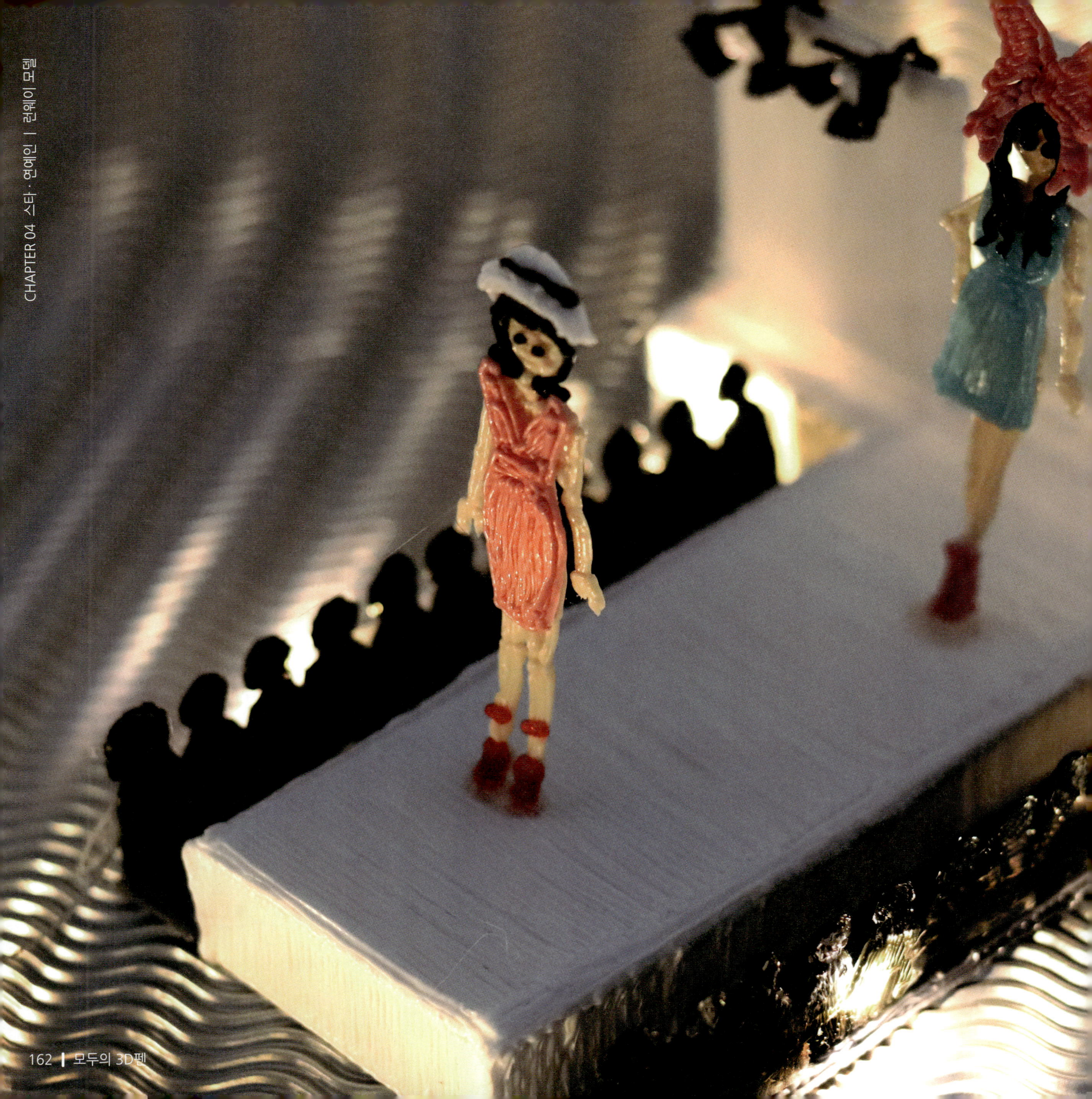

런웨이 모델

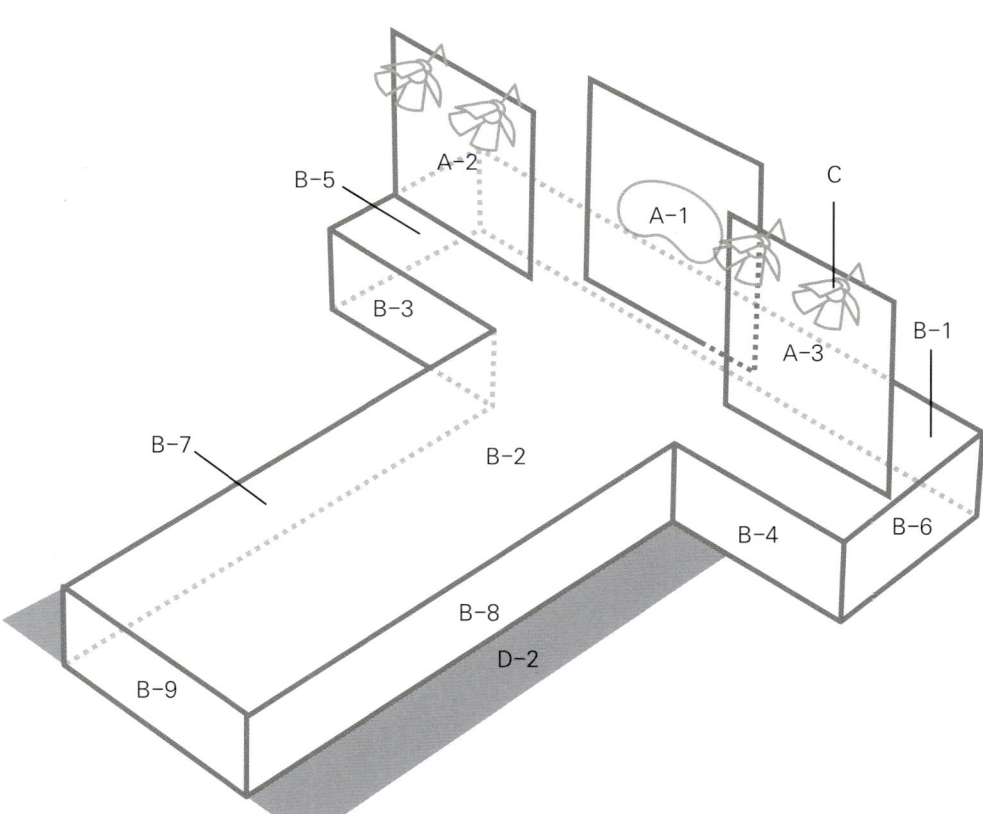

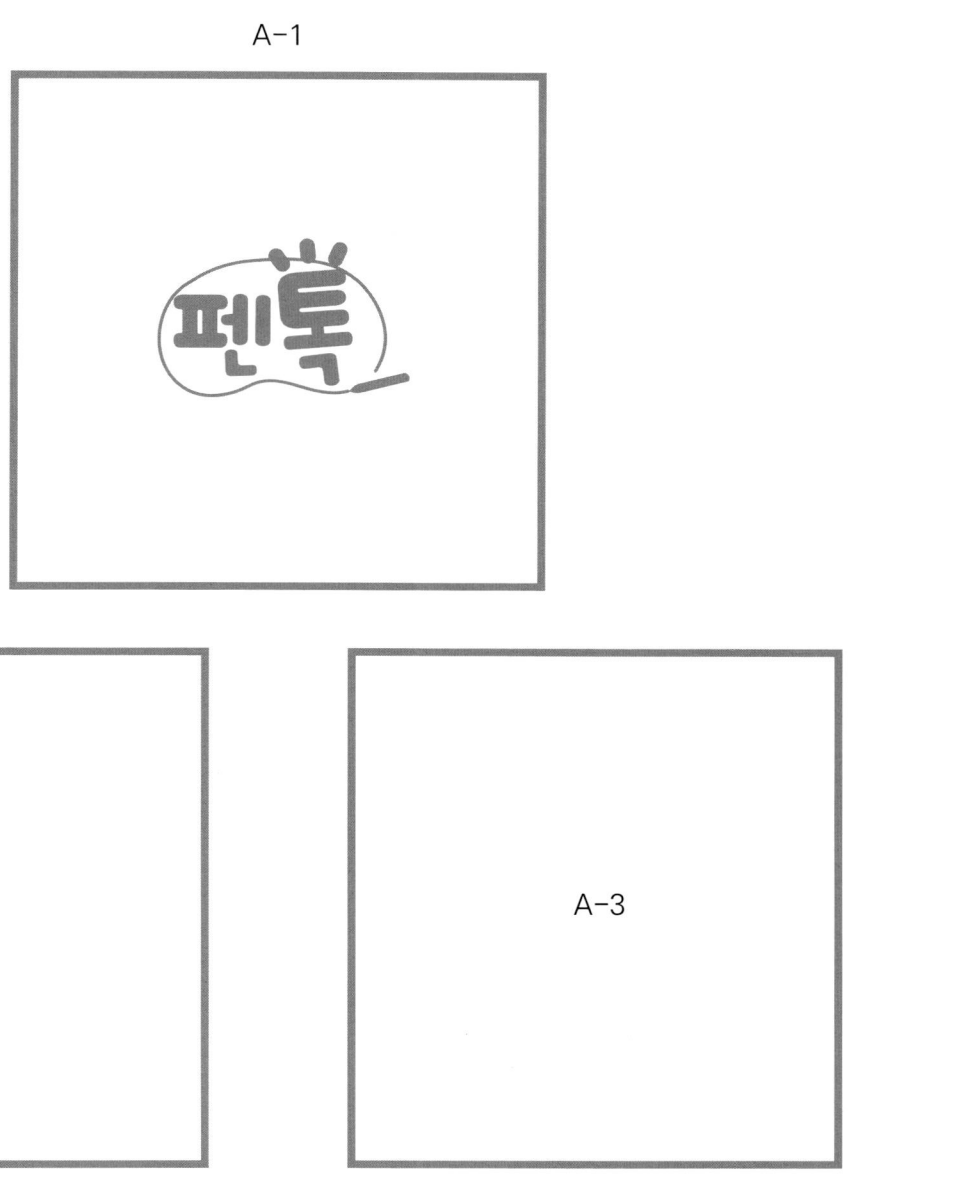

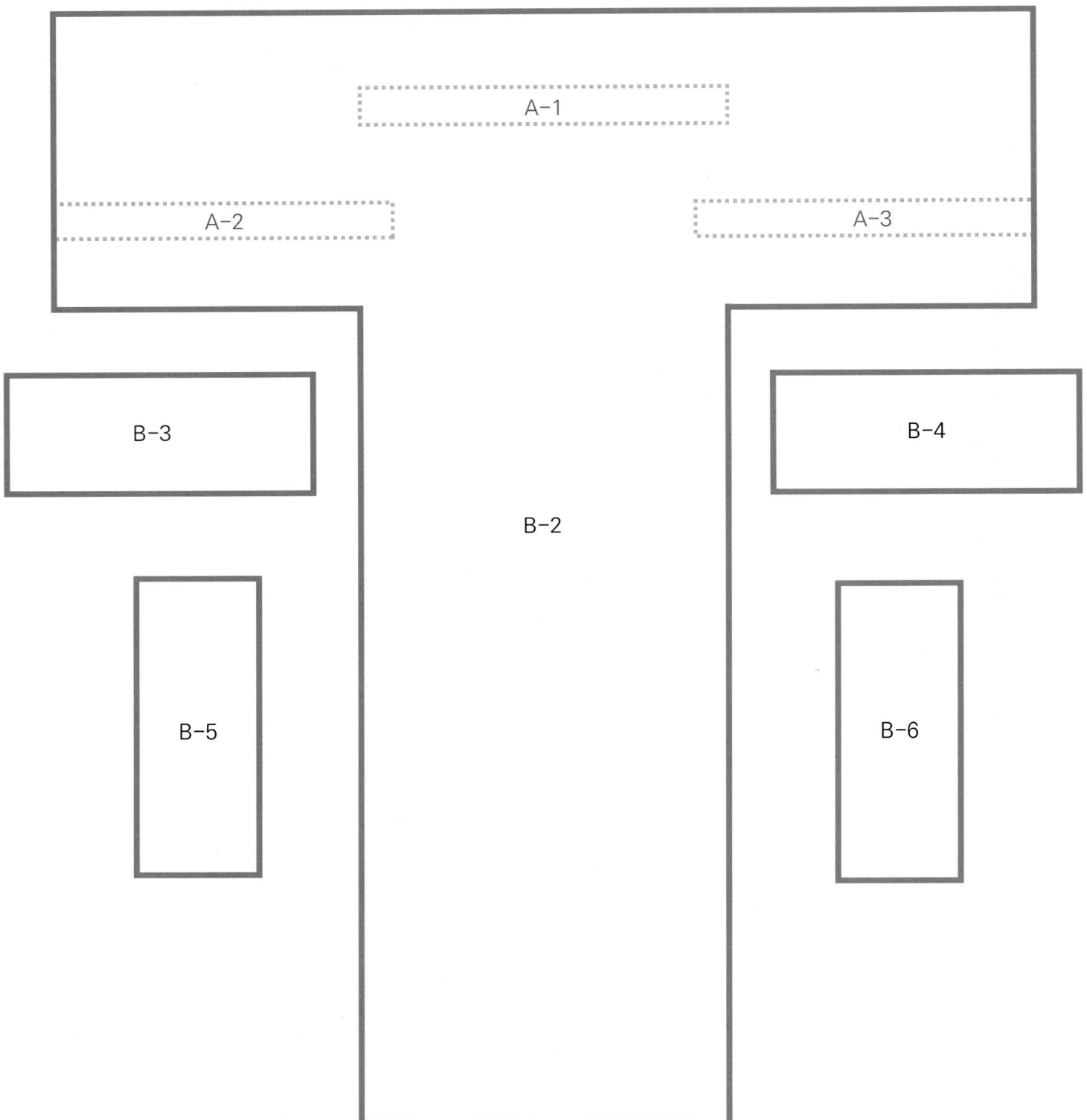

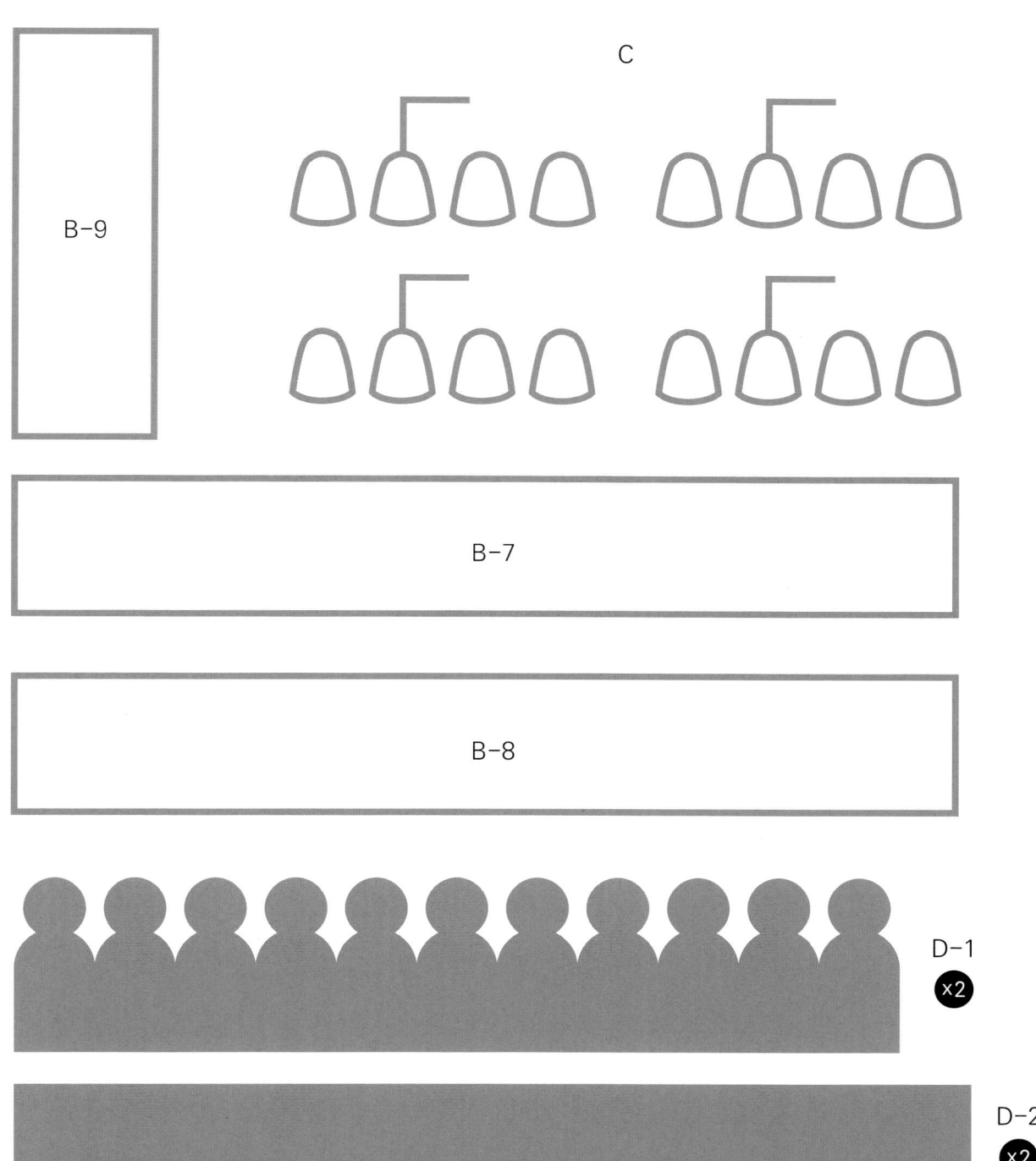

E **TIP** 마음에 드는 도안을 3D펜으로 따라 그리고 조각들을 이어붙여 런웨이 모델을 완성해보세요.

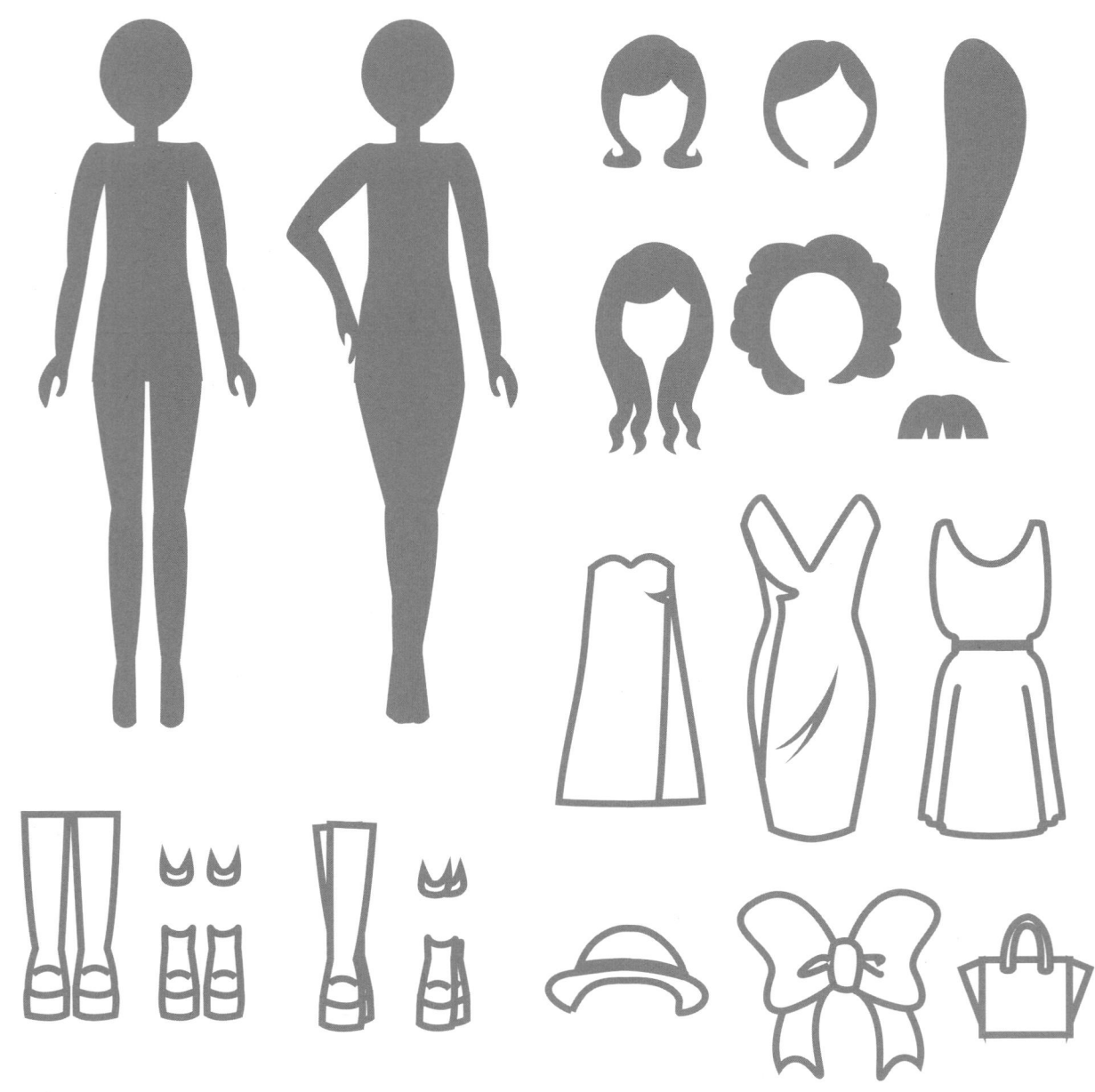

F

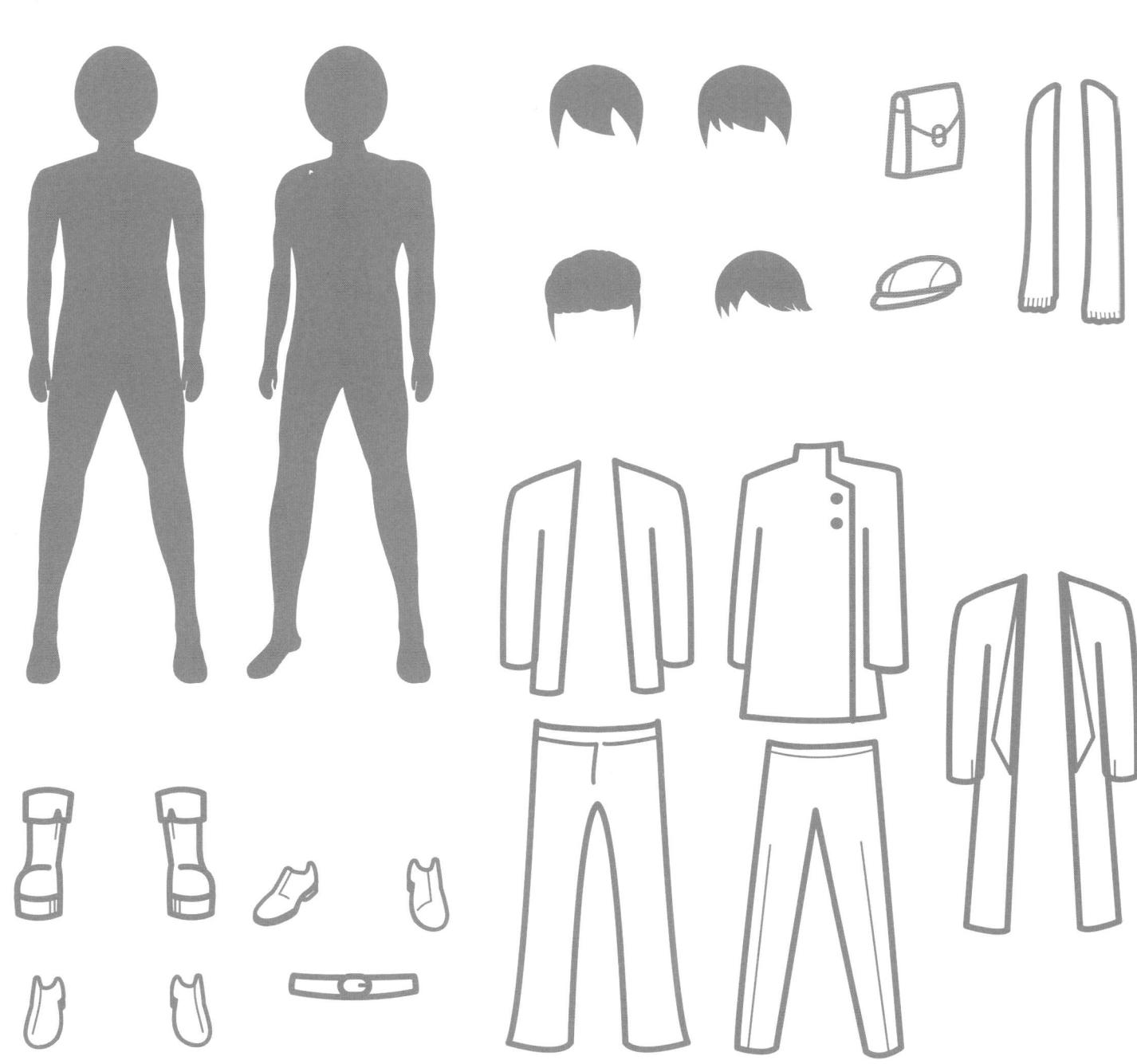

만화 · 캐릭터

바야

1. 휴지를 바야 모양으로 구긴 후 마스킹테이프로 고정해주세요.
2. 윗면과 아랫면에 동그라미를 그린 후 몸통에 세로 선을 그려주세요.
3. 보글링 기법으로 표면을 모두 채워주세요. (36쪽 참고)
4. 3D펜의 속도를 낮추고 머리꼭지를 쌓아 올려주세요.
5. 팔과 다리를 만들어 몸통에 이어 붙여주세요.
6. 눈과 입을 자유롭게 표현해주세요.
7. 머리카락을 그려주세요.
8. 꼭지 부분의 머리카락은 따로 만들고 이어 붙여주세요.

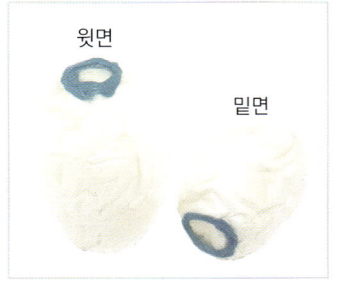

깨바

1. 휴지를 삼각 접기로 접은 후 마스킹테이프로 고정해주세요.　| 2. 바야와 같은 방법으로 만들어주세요.

꼬몽

1. 휴지를 동그랗게 구긴 후 마스킹 테이프로 고정해주세요. | 2. 바야와 같은 방법으로 만들어주세요.

펜톡 몬스터즈

바야의 방

벽면

바닥

작품 받침대

펜톡 몬스터즈의 피크닉

펜톡 몬스터즈 1

펜톡 몬스터즈 2

펜톡 몬스터즈 3

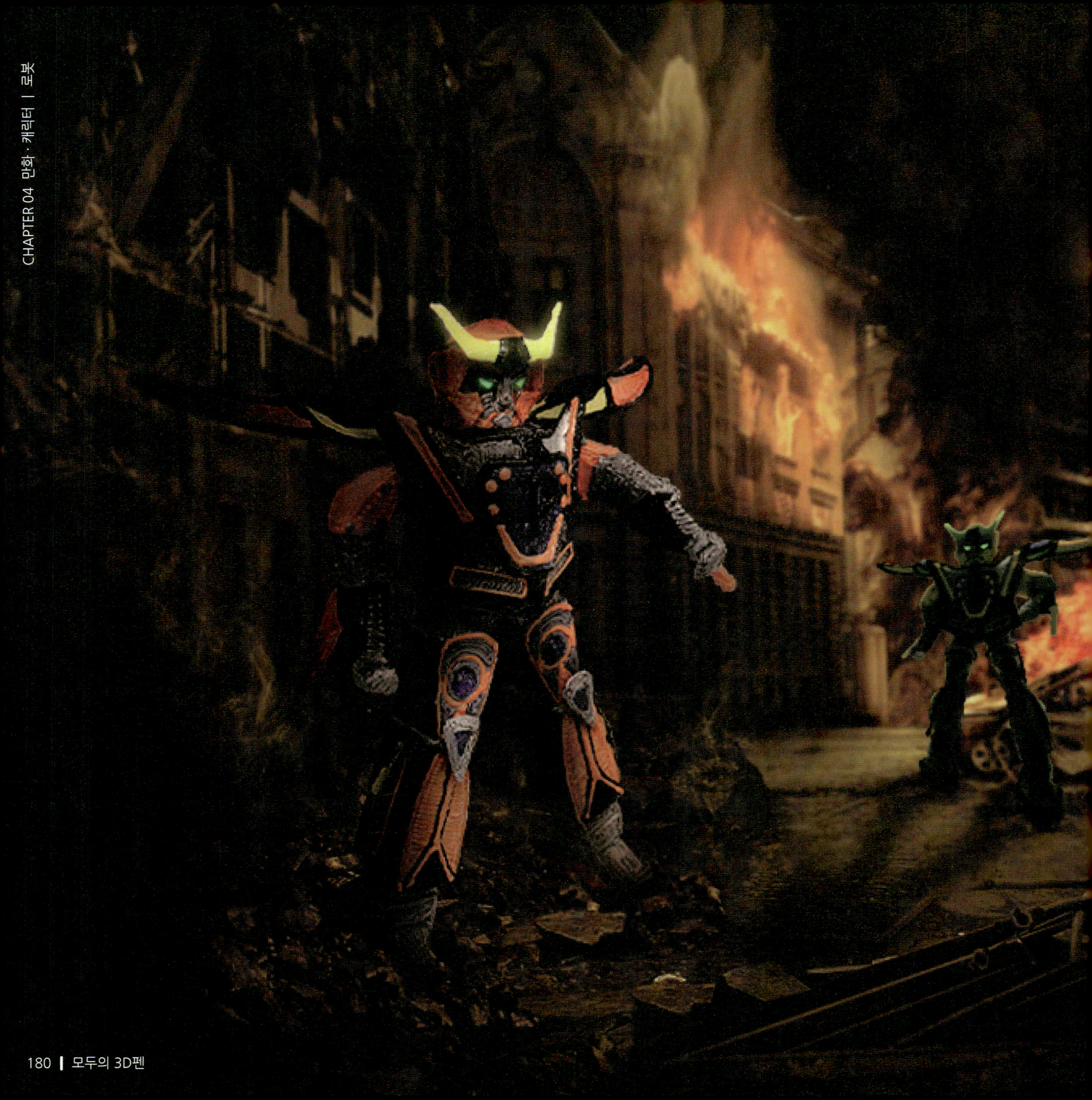

로봇

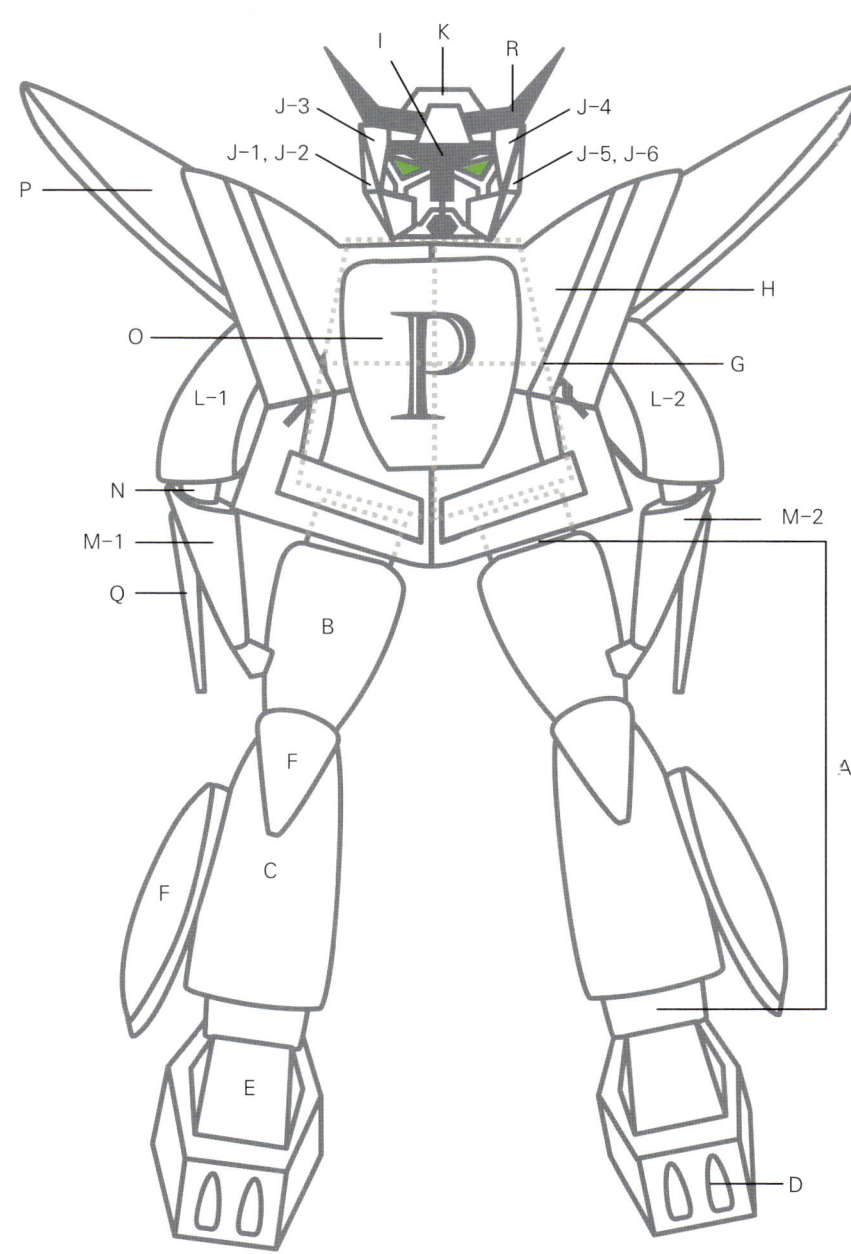

1. A 조각을 조립해주세요.

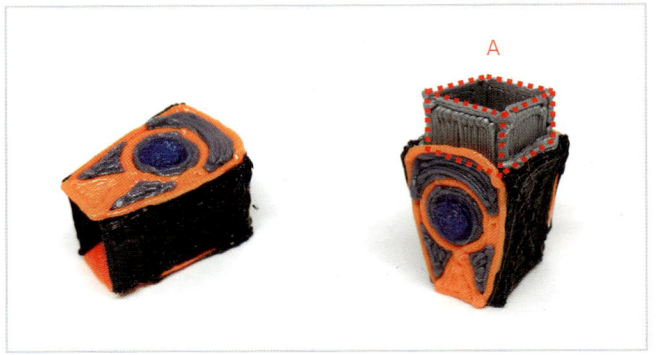

2. B 조각을 조립하고 A 조각을 이어 붙여주세요.

3. C 조각을 조립하고 B 조각과 이어 붙여주세요.

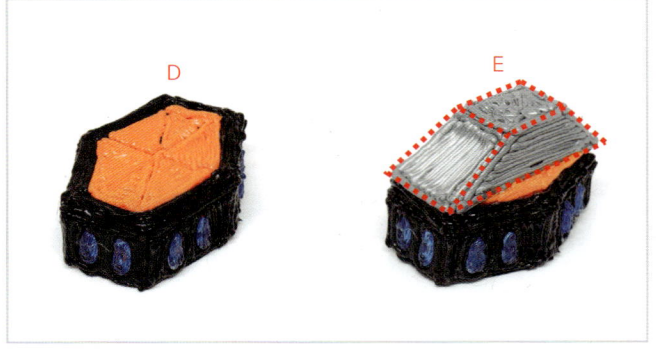

4. D와 E 조각을 조립한 후 이어 붙여주세요.

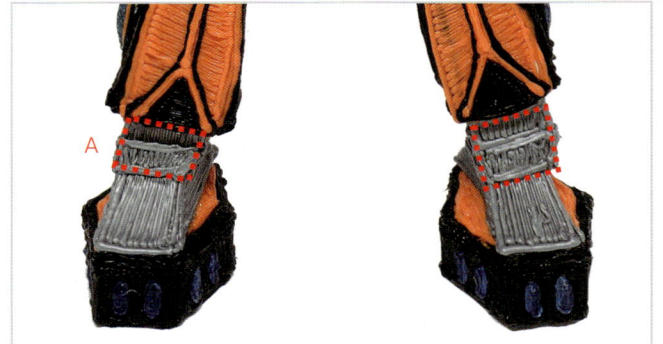

5. 나머지 A 조각을 E 조각 위에 붙인 후 3번에서 만든 조각을 이어 붙여주세요.

6. F 조각을 만들어 붙여주세요.

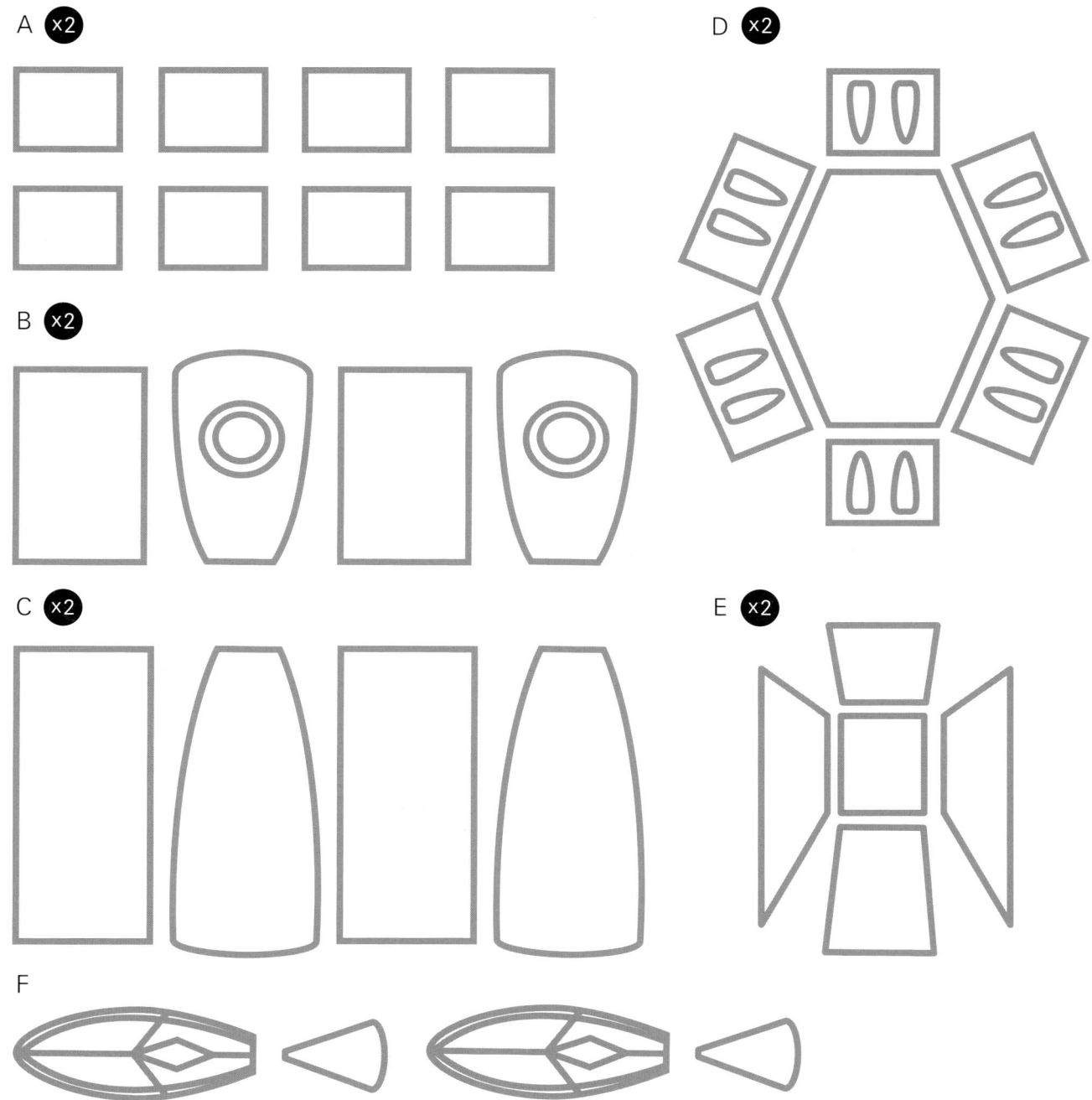

G

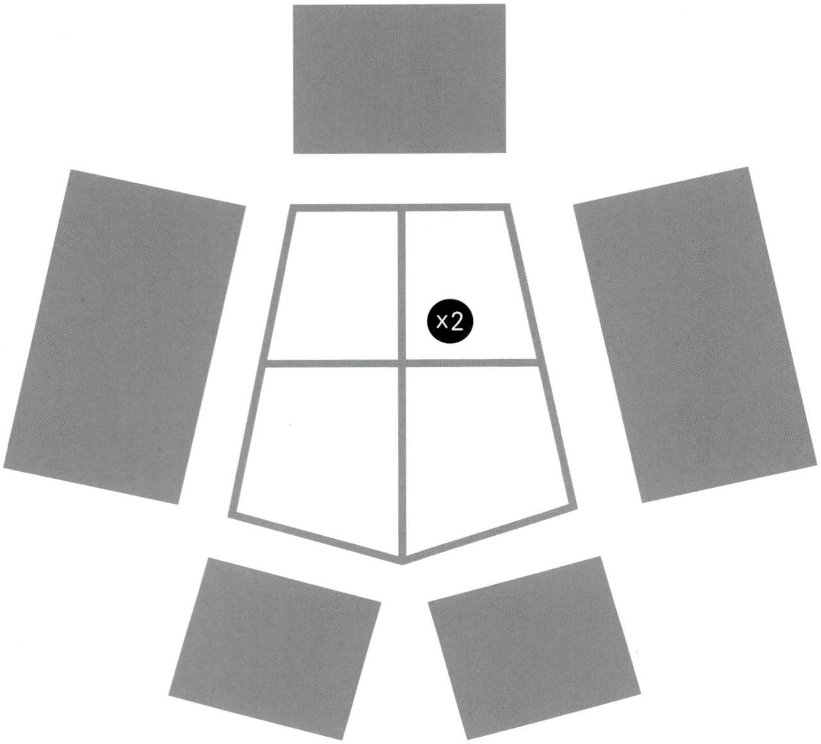

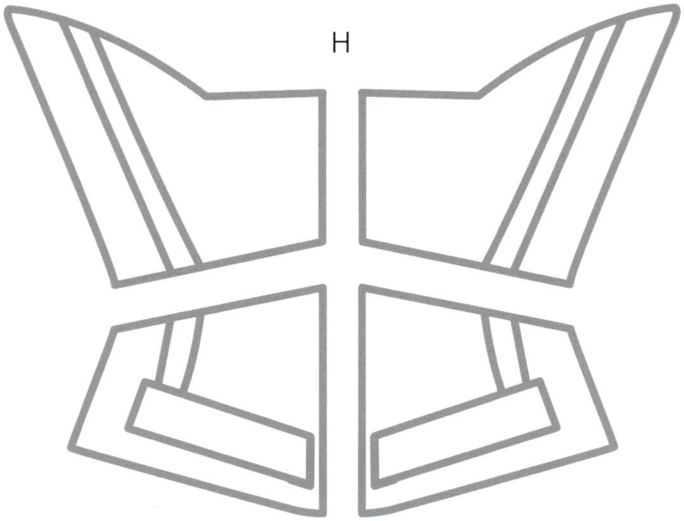

H

7. G 조각과 H 조각을 조립한 후 G 조각 밑면에 앞에서 완성한 다리를 이어 붙여주세요.

   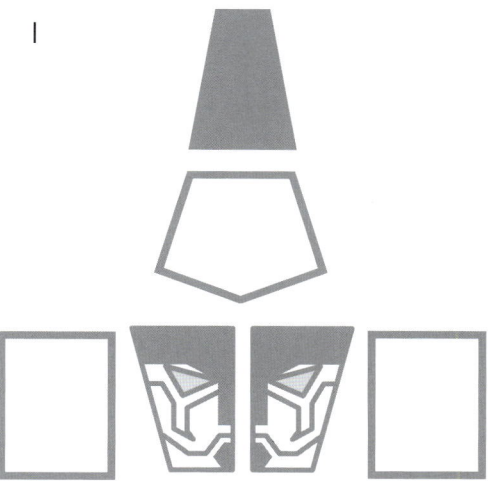

8. I 조각을 조립해주세요.

9. J-3 조각에 J-1, J-2 조각을 붙인 후 I 조각에 붙여주세요.
 (J-4~J-6도 같은 방법으로 작업해주세요.)

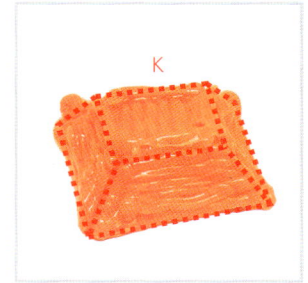   

10. K 조각을 조립한 후 윗면에 붙인 후 필라멘트를 쌓아 올려 목을 만들어 얼굴을 완성하세요.

TIP 3D펜의 속도를 낮추고 콧대를 쌓아 올려 더욱 입체적으로 만들어주세요.

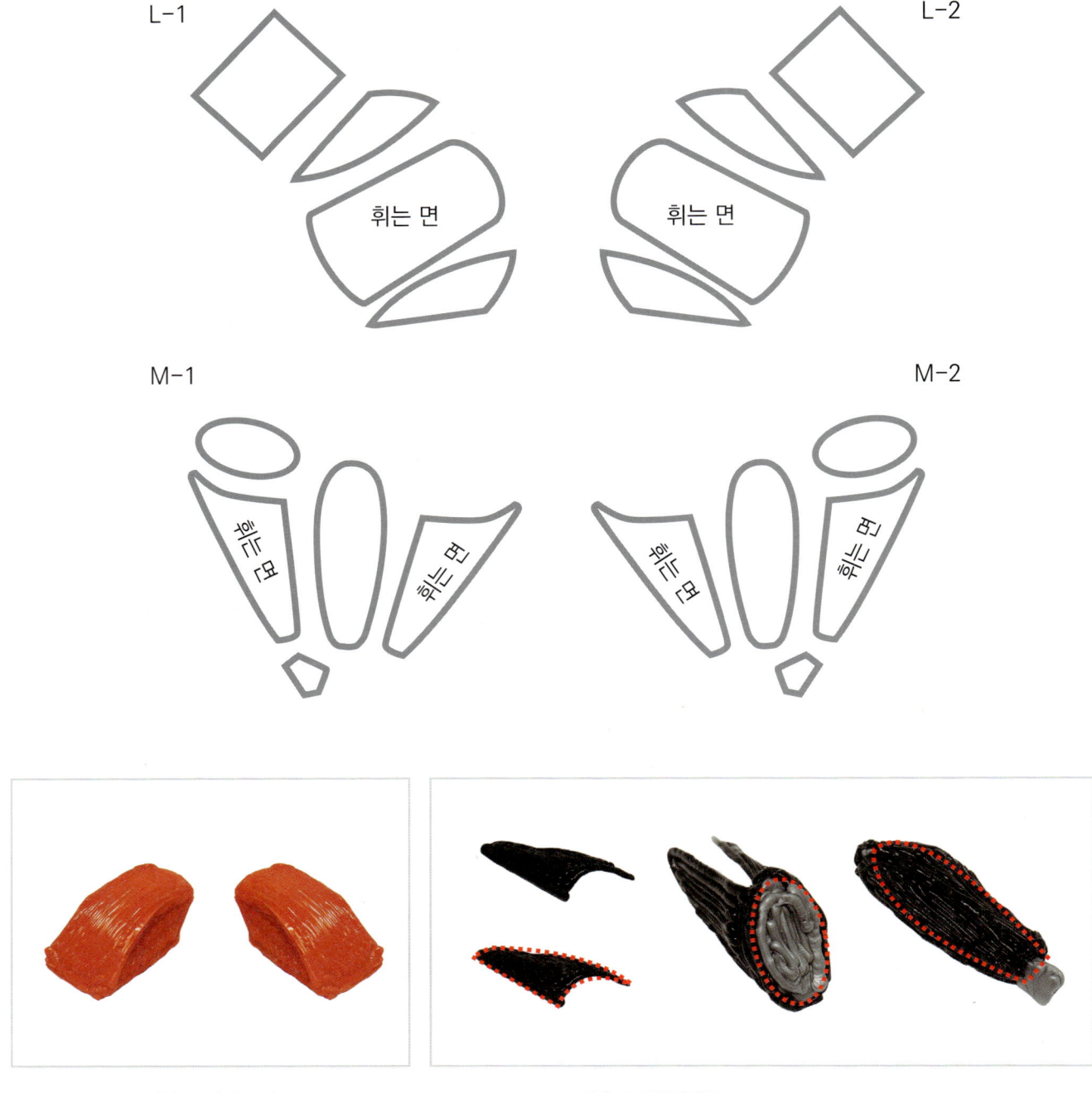

11. L-1, L-2 조각을 조립해주세요.

12. M-1, M-2 조각을 조립해주세요.

13. N 조각을 조립해주세요.

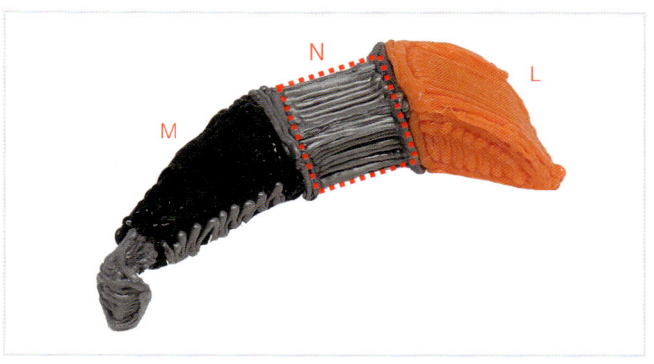

14. L 조각에 N 조각을 붙인 후 M 조각을 붙여 팔을 완성하고 빈 곳을 공중 그리기 기법으로 마감해주세요.

15. 앞에서 완성한 머리를 G 조각 윗면에 붙인 후 팔을 붙일 부분을 충분히 쌓아 올려주세요.

16. 양쪽 팔을 붙이고 빈 곳을 공중 그리기 기법으로 마감해주세요. (36쪽 참고)

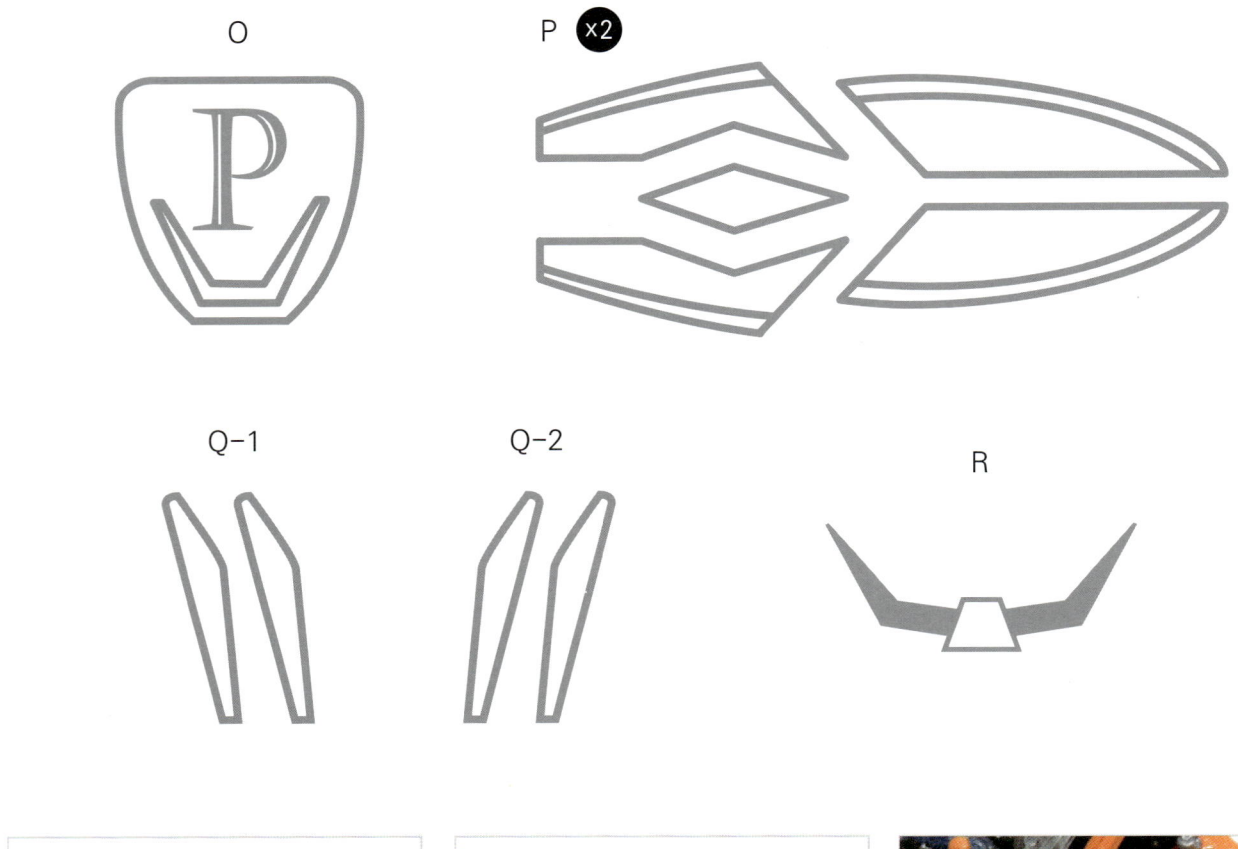

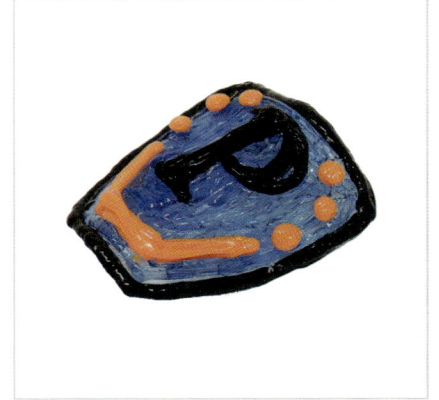

17. O 조각을 조립하여 가슴 정면에 붙여주세요.

TIP Q 조각을 칠하고 굳기 전에 휘어 볼록하게 만들어주세요.

18. P 조각을 조립하여 양쪽 어깨에 붙여주세요.

19. Q-1, Q-2 조각을 팔꿈치에 붙이고 R 조각을 이마에 붙인 후 다양한 색의 필라멘트로 자유롭게 꾸며 완성해주세요.

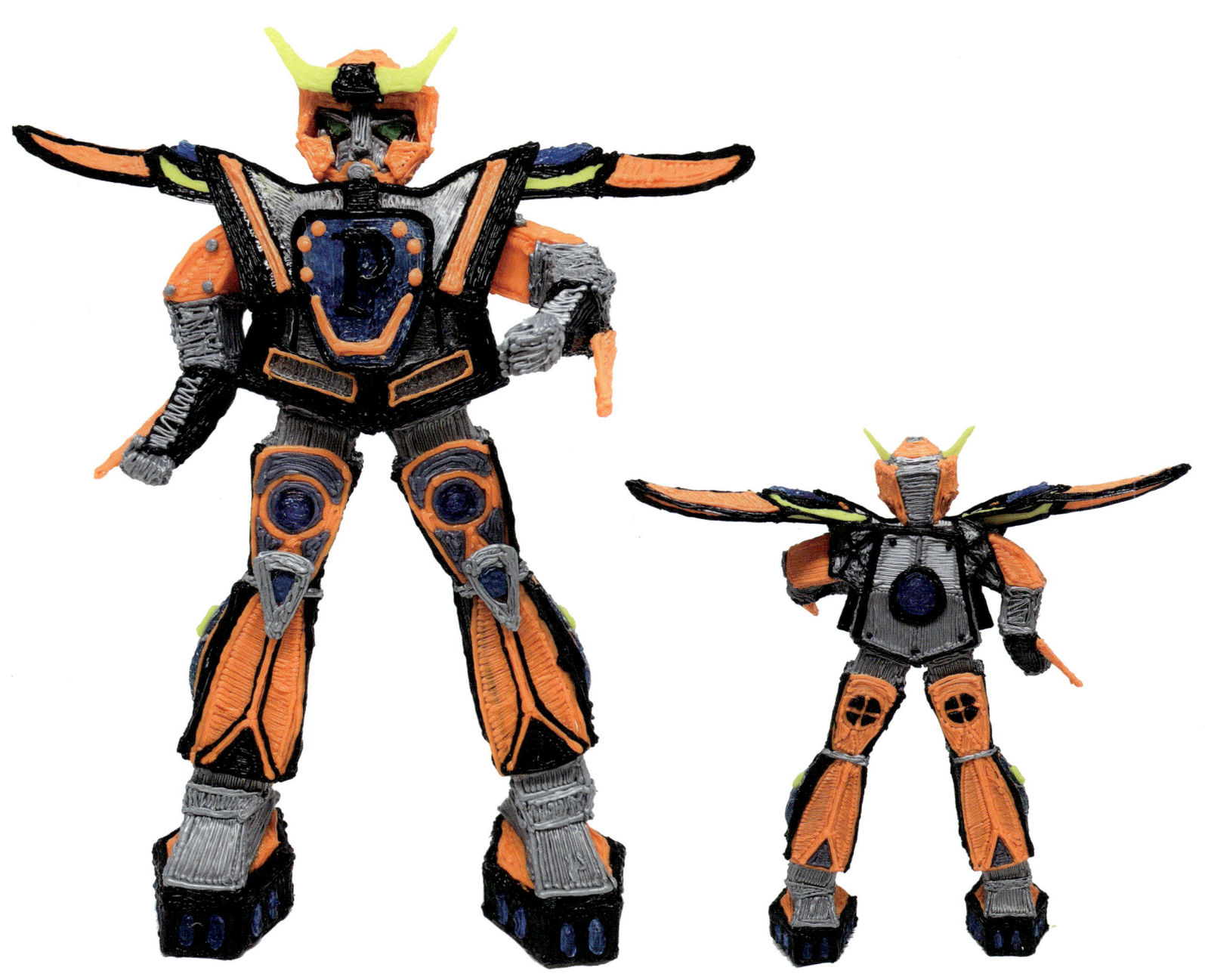

불꽃 · 구조물

부서진 건물 · 송전탑

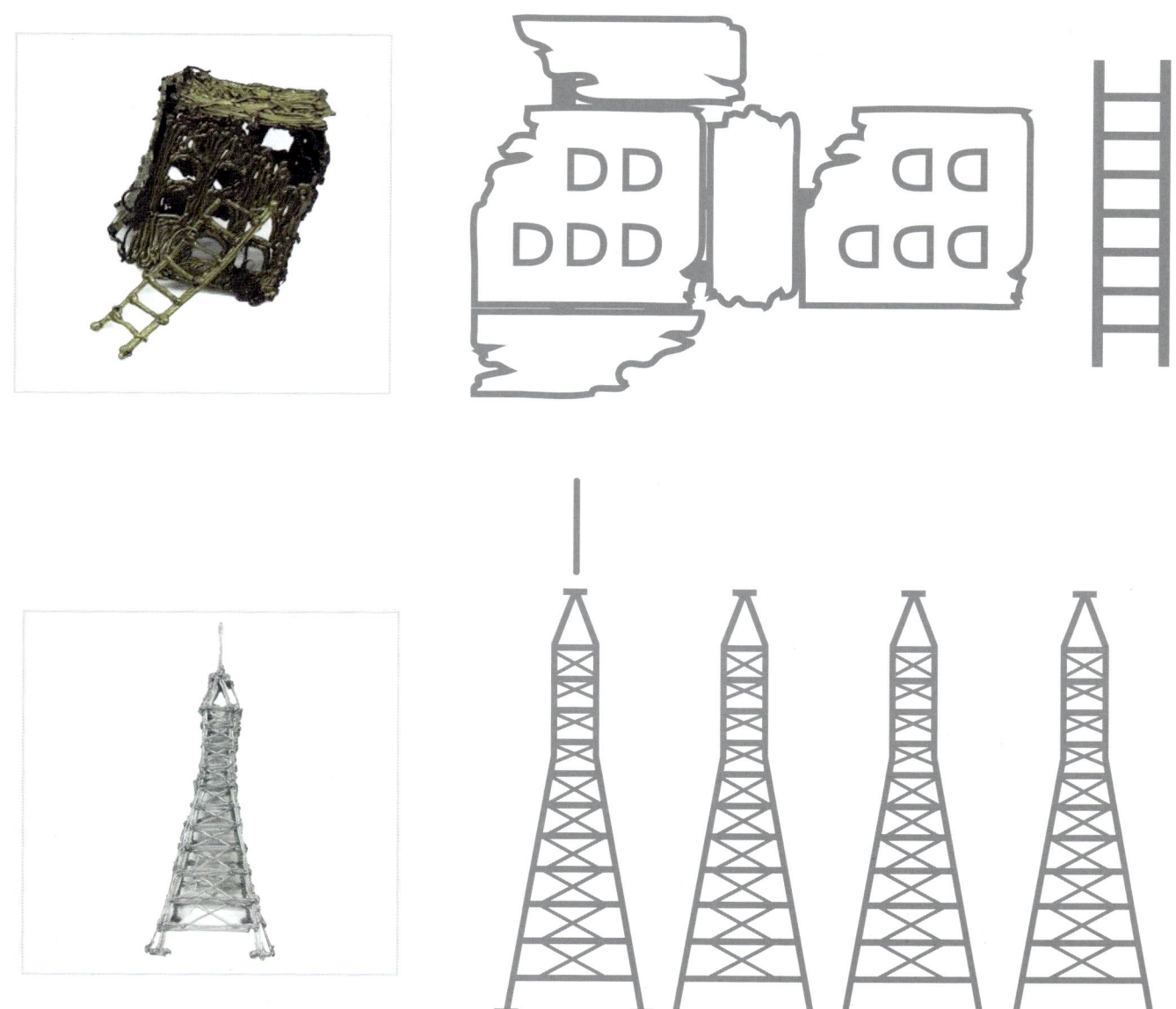

괴물

동물 캐릭터

기념일

HAPPY DAY

HAPPY DAY

축하 편지

기념 액자

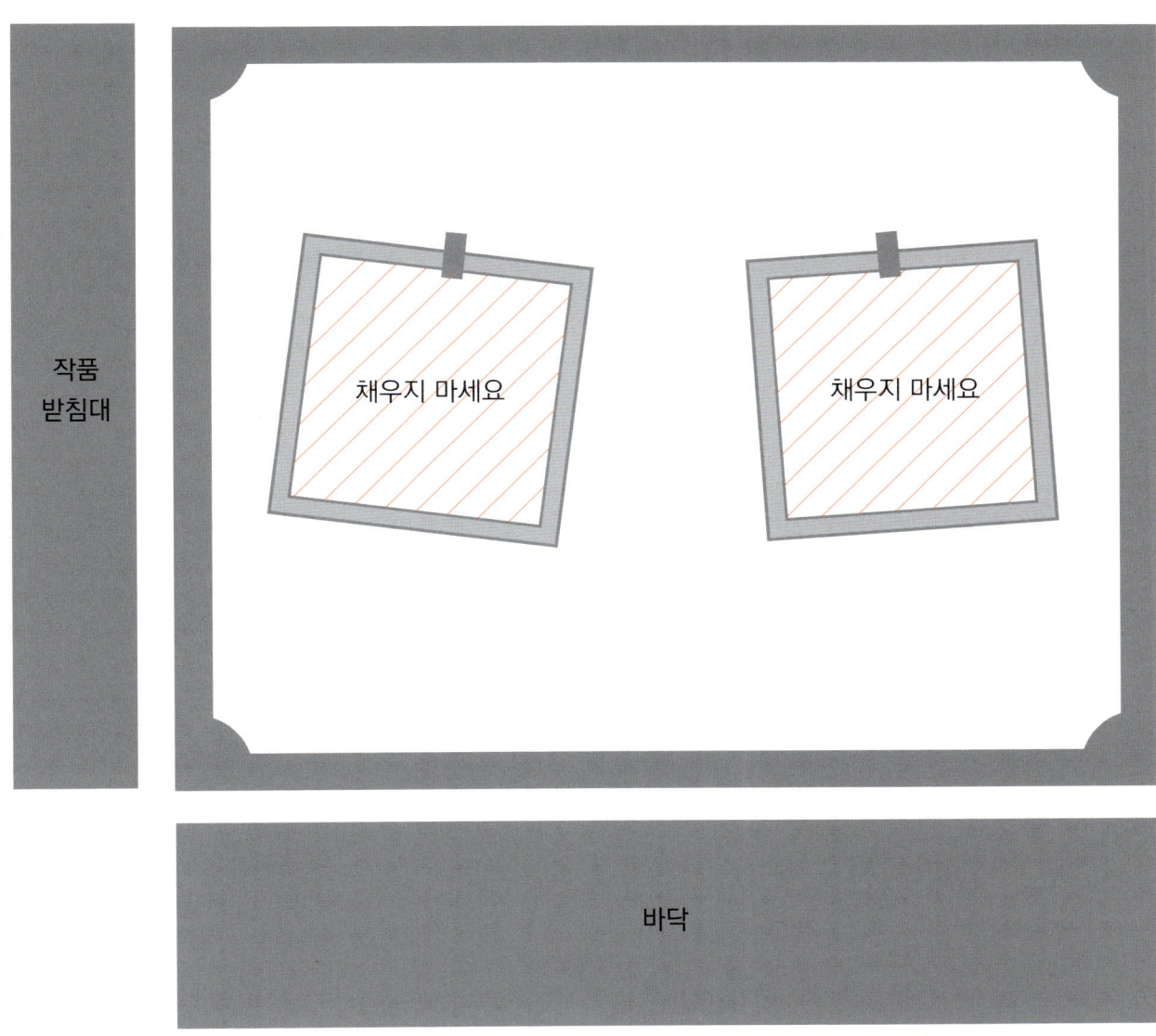

초대장 쿠폰

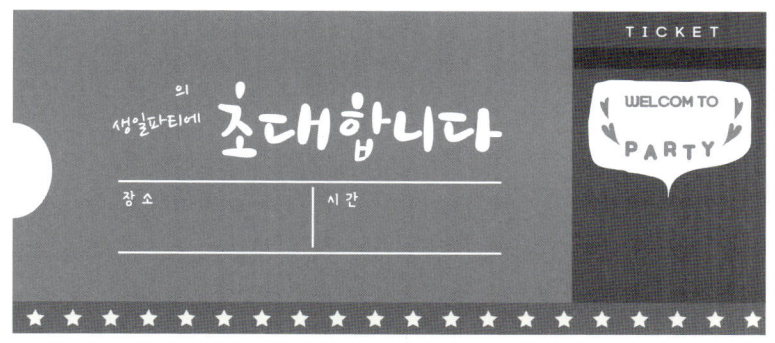

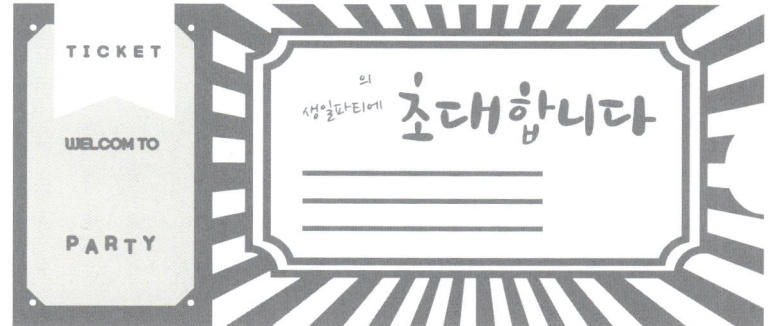

밸런타인데이 상자

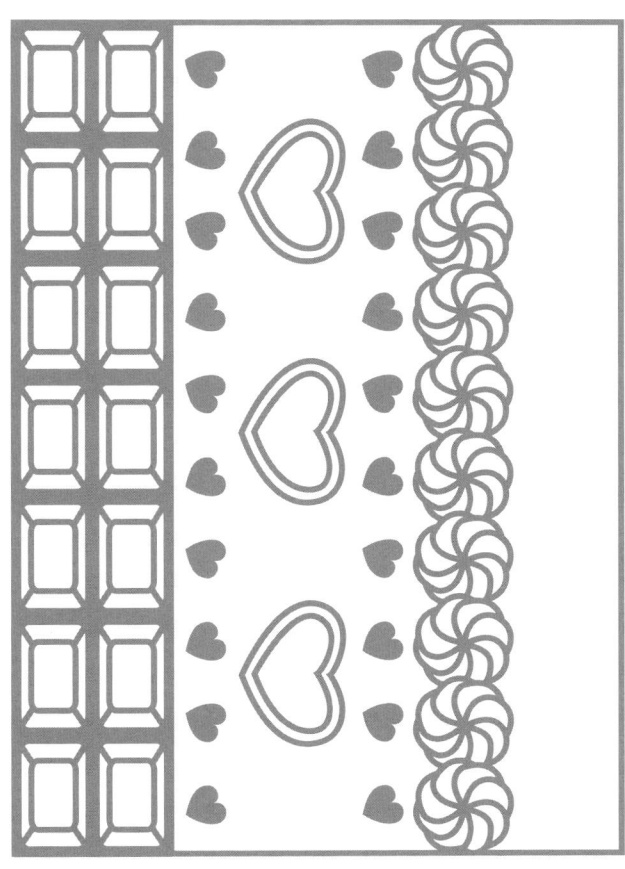

빼빼로데이

핼러윈 사탕 바구니

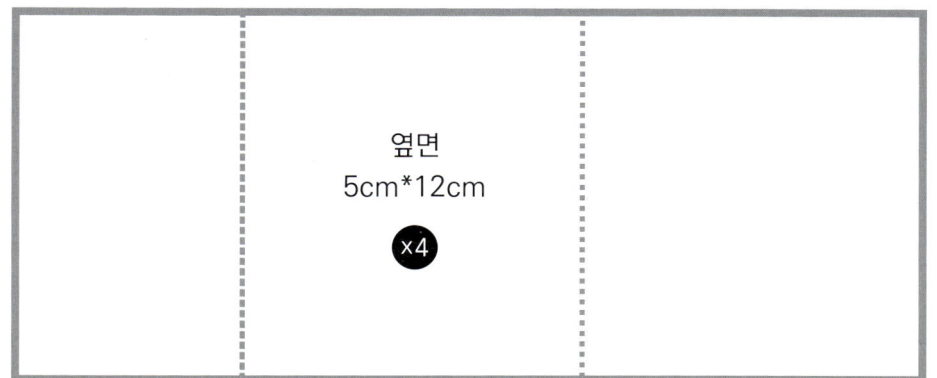

옆면
5cm*12cm
x4

밑면
5cm*5cm

손잡이 24cm*1cm

1. 종이를 사이즈에 맞게 오린 후 마스킹테이프로 감싸주세요. (손잡이 부분은 종이를 구부린 후 작업하거나 조각을 만들고 헤어드라이어로 변형해주세요.)
2. 종이 위를 3D펜으로 따라 그려 필라멘트를 굳힌 후 종이를 떼어내고 바구니로 조립해주세요.　｜　3. 호박의 눈과 입 조각을 만들고 이어 붙여주세요.

핼러윈 가랜드

크리스마스 도안

루돌프 썰매

크리스마스 트리

까치와 나뭇가지 · 복주머니

설날 도안

태극무늬 연

추석 송편 · 팔각반

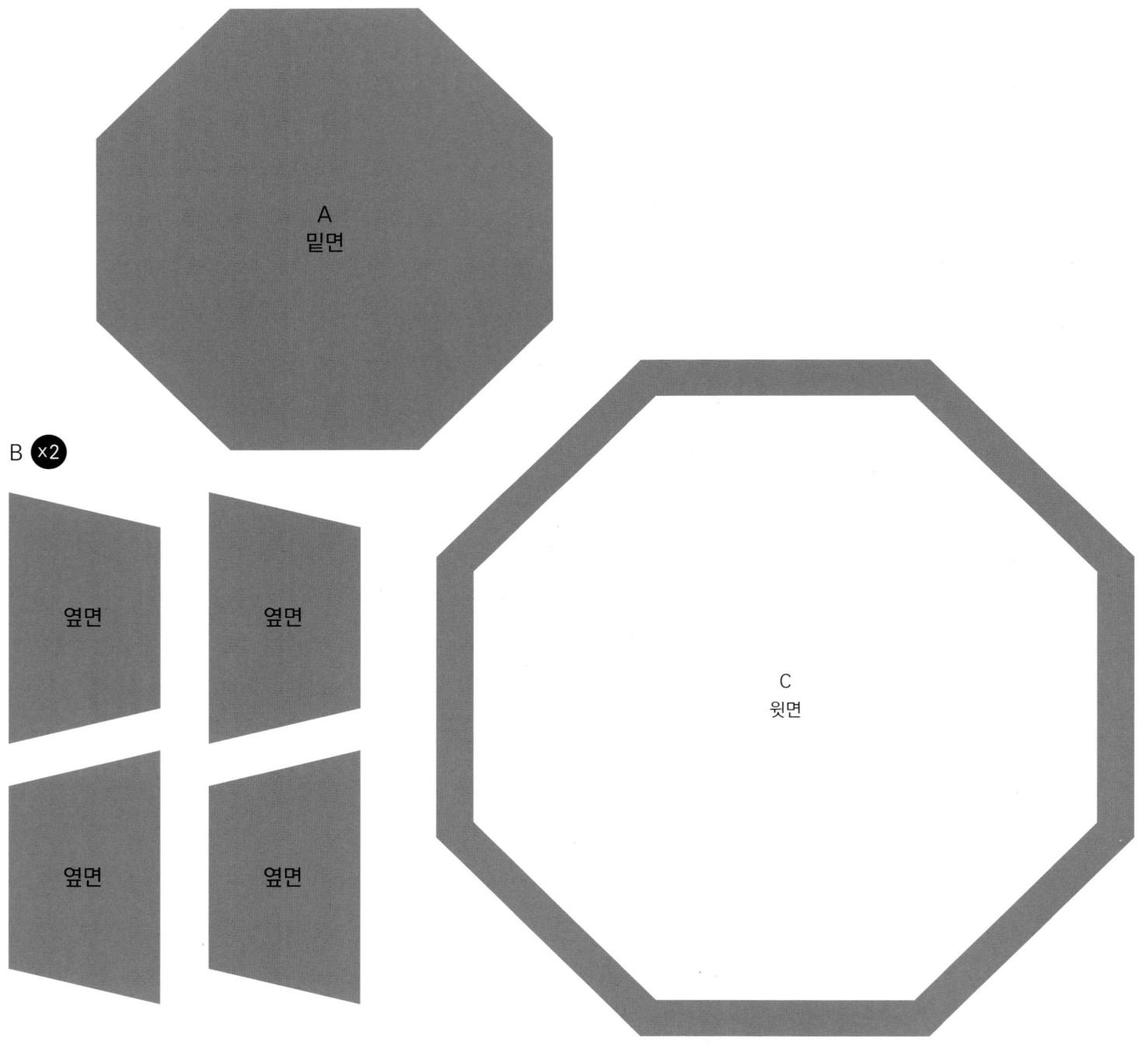

TIP 송편 도안을 3D펜으로 쌓아 올려 도톰하게 만들어주세요.

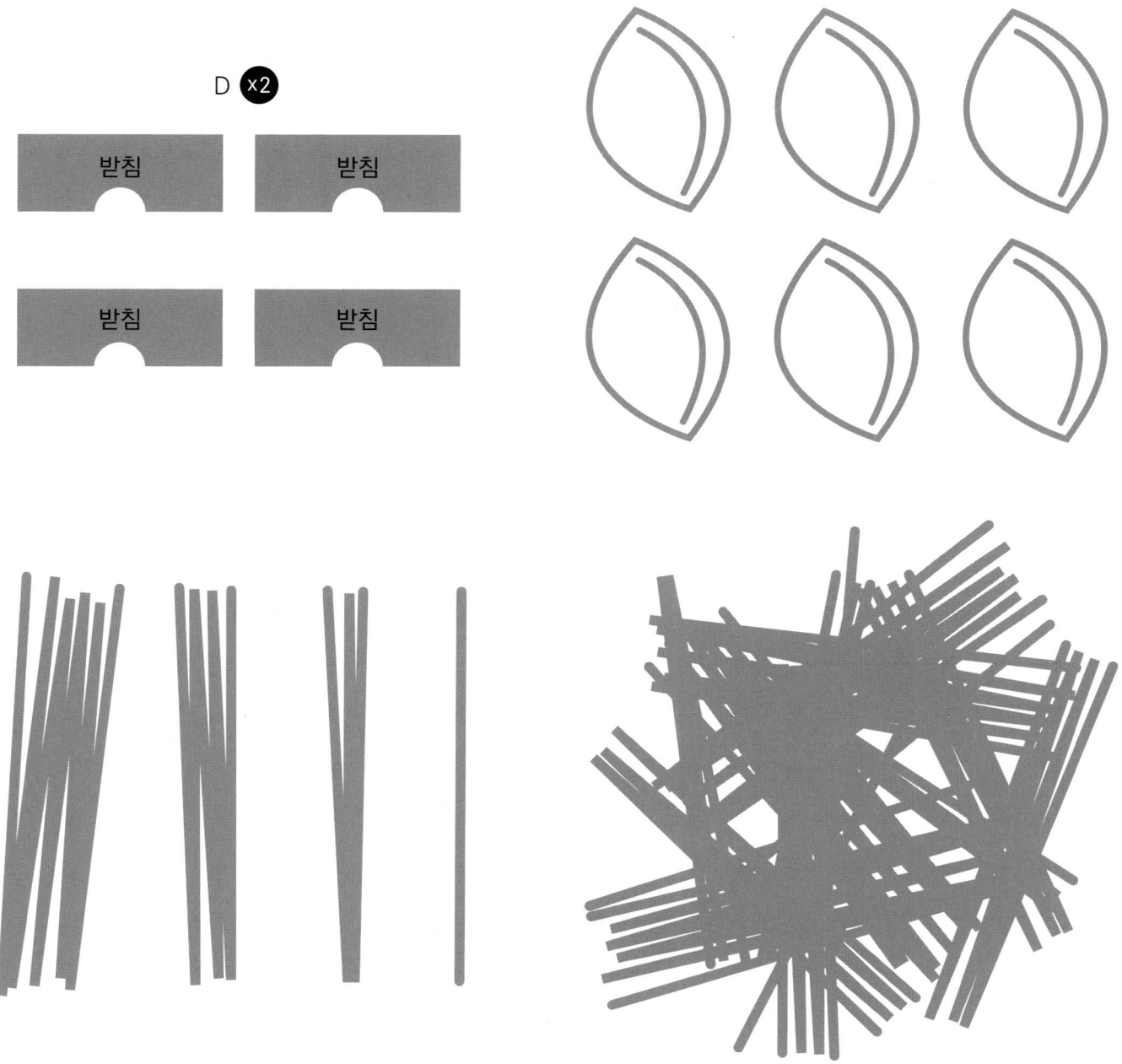

어버이날

스포츠

CHAPTER 05

농구 게임	236
축구 게임	239
다양한 스포츠	245

누가 알았을까

작은 날갯짓에 꽃이 될 수 있음을

#나비가 보낸 향기

농구 게임

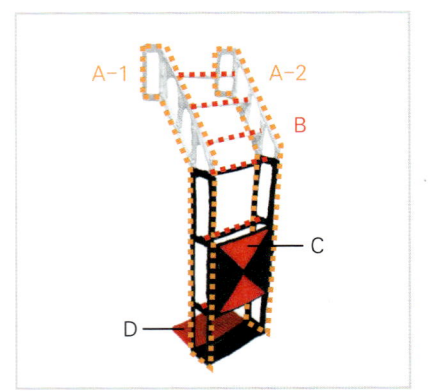

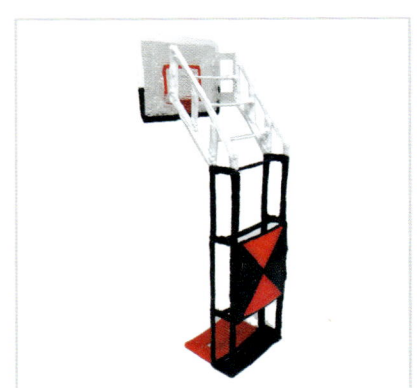

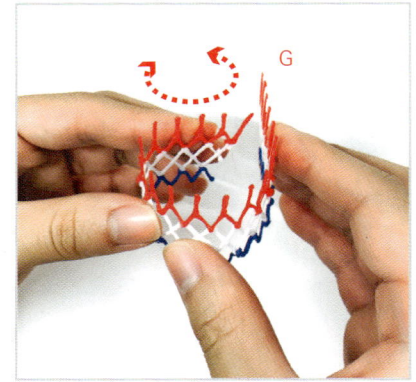

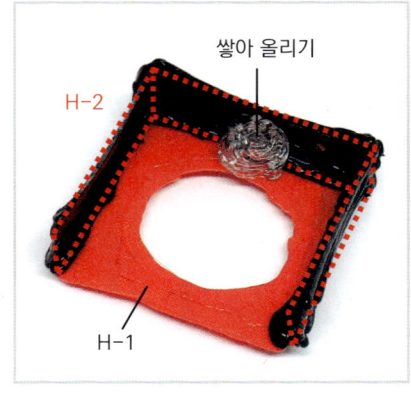

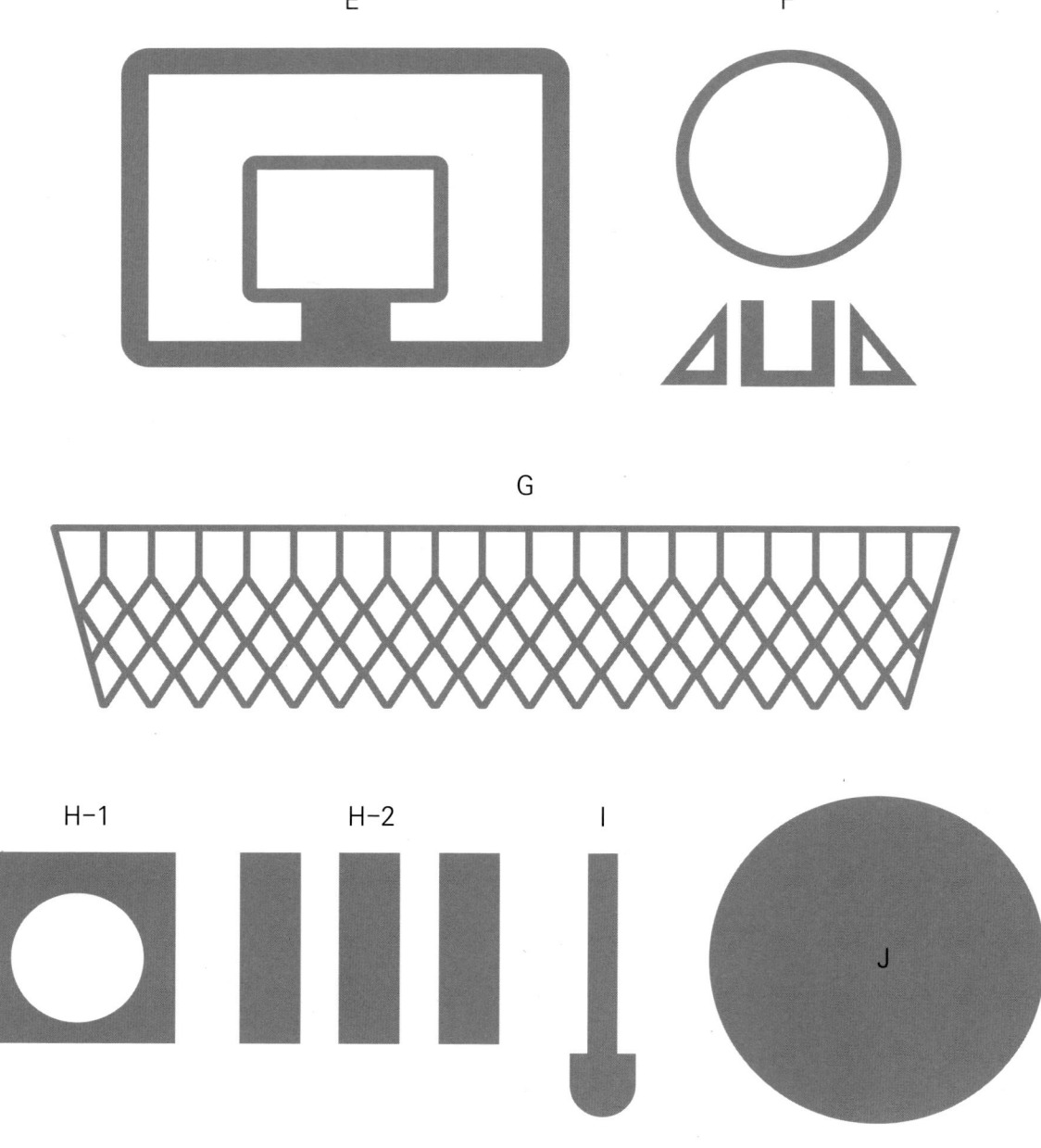

축구 게임

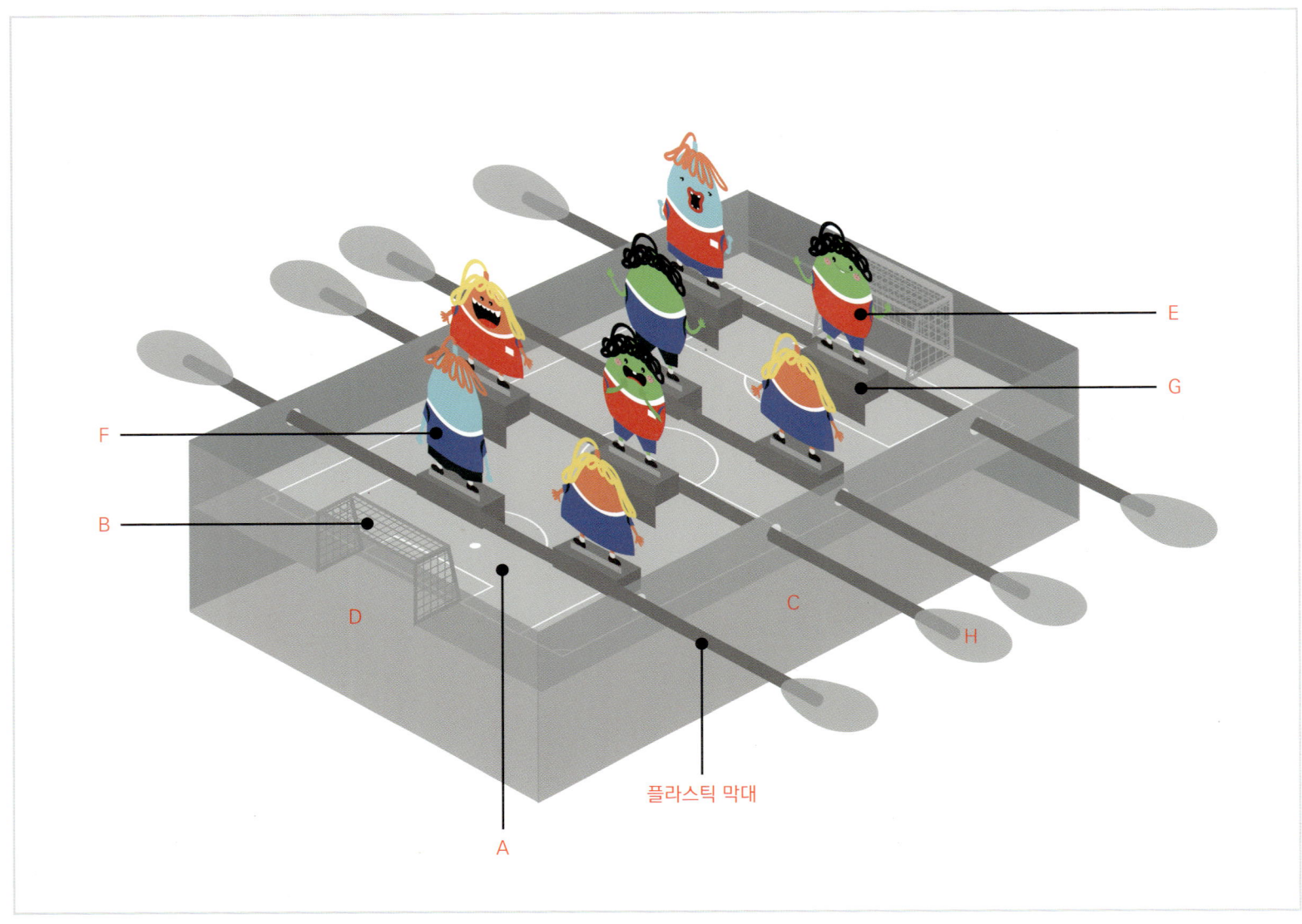

> **TIP**
> - 플라스틱 막대는 3Doodler사의 필라멘트나 토퍼봉을 이용하였습니다.
> - 파랑팀과 빨강팀이 서로 마주보도록 배치합니다.
> - G-2 조각이 운동장에 닿도록 배치합니다.

밑면

G-1
G-2

막대를 H 조각으로
포갠 후 붙임

B

도두의 3D펜 | 241

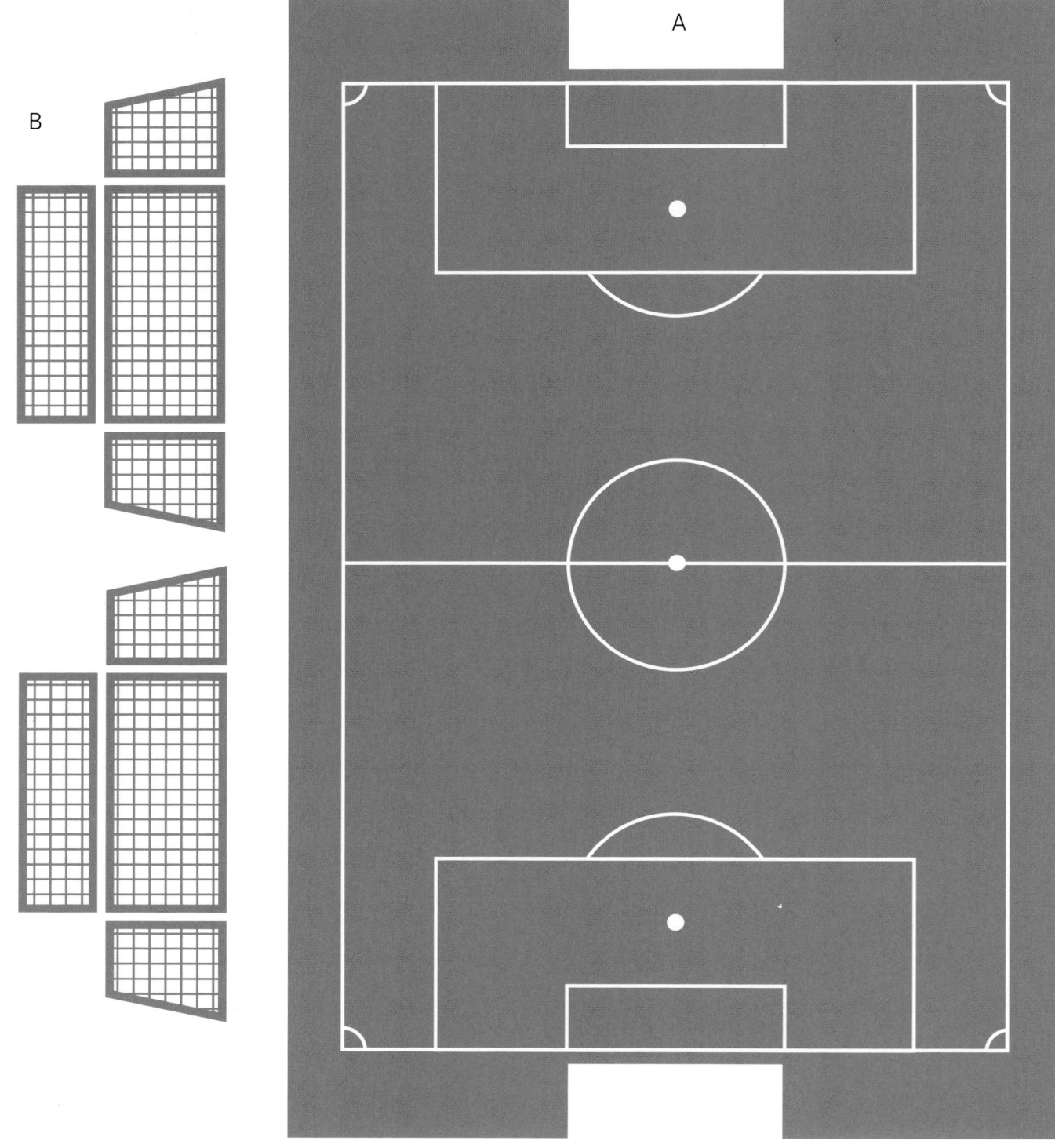

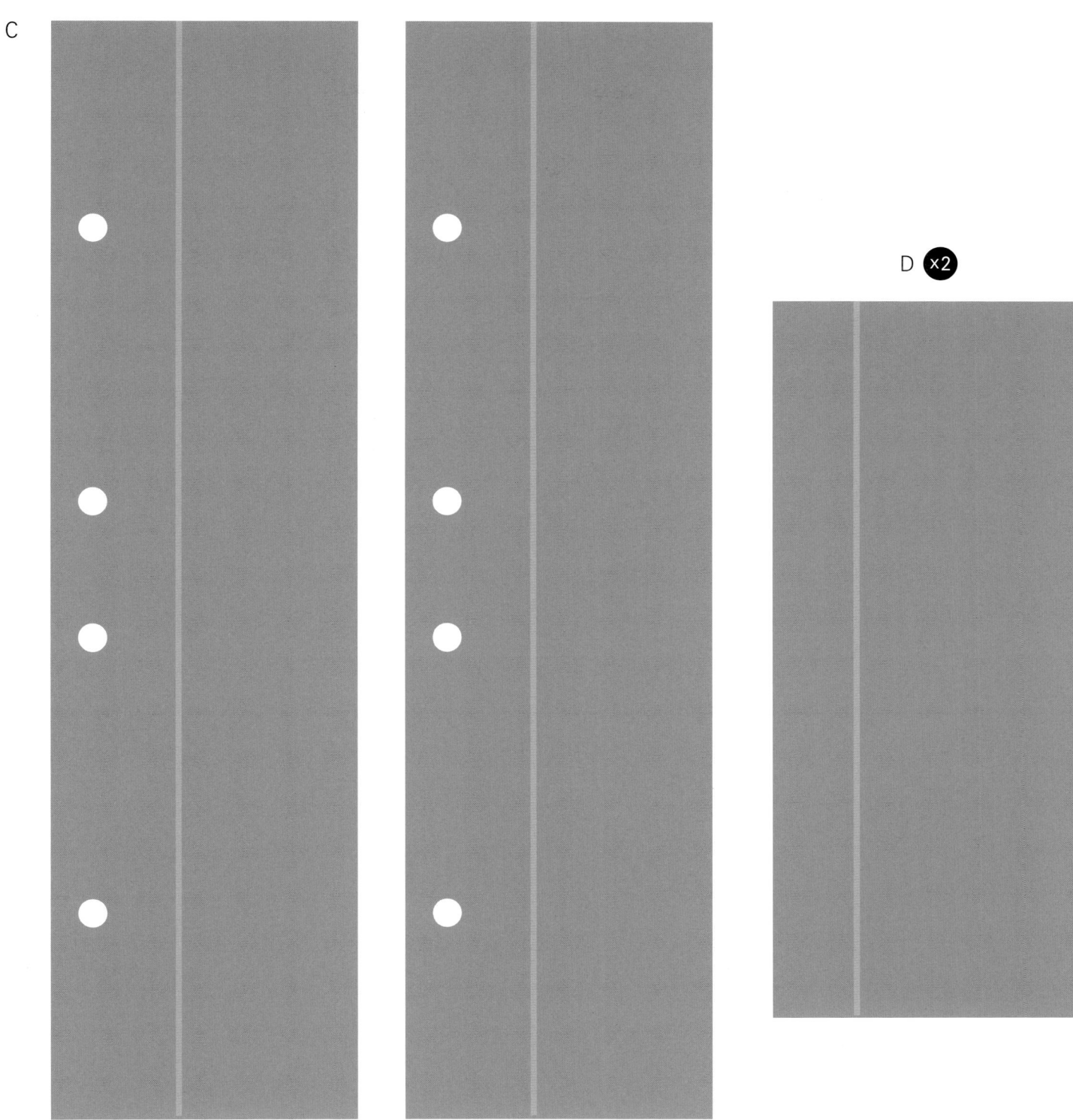

다양한 스포츠

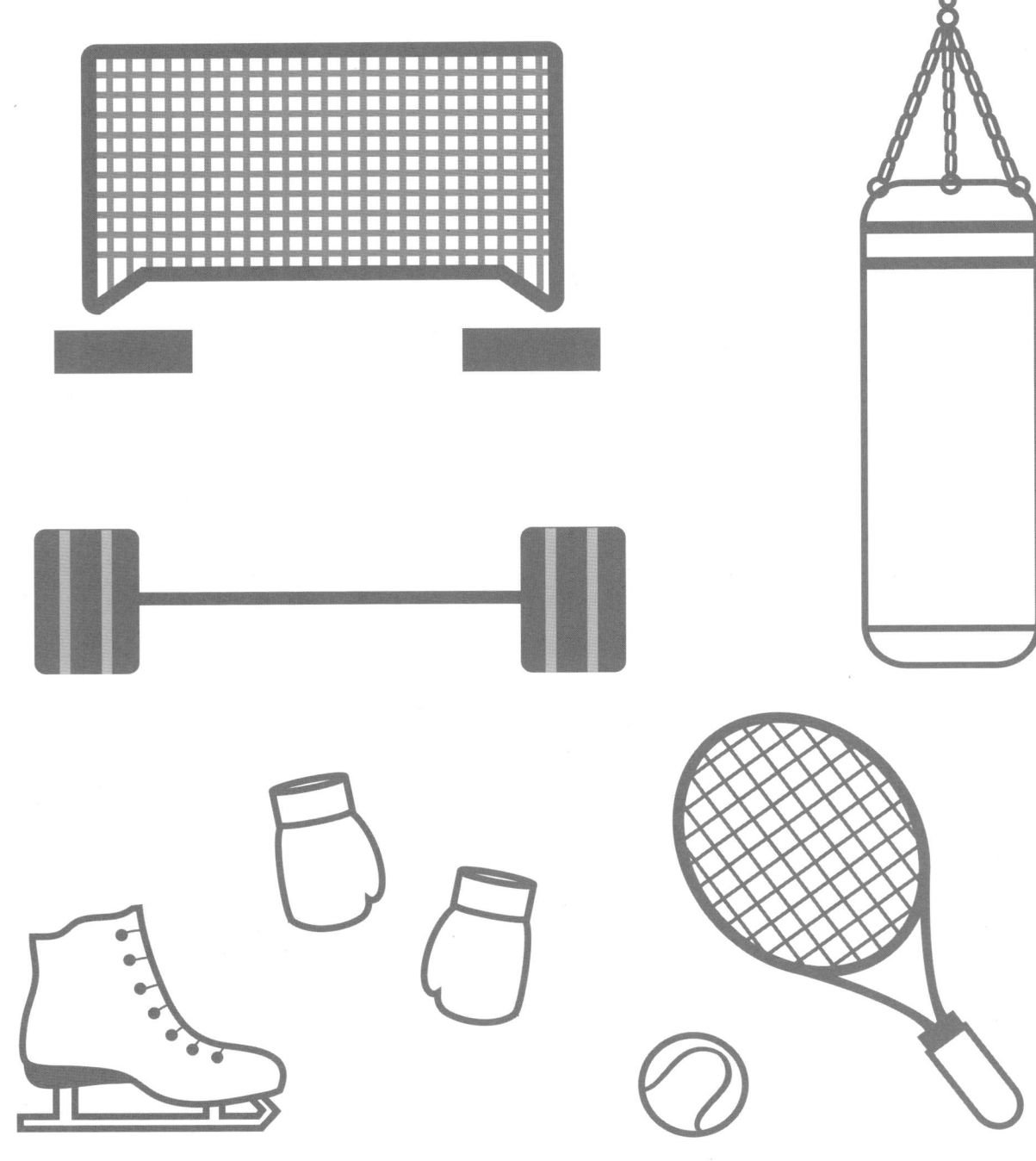

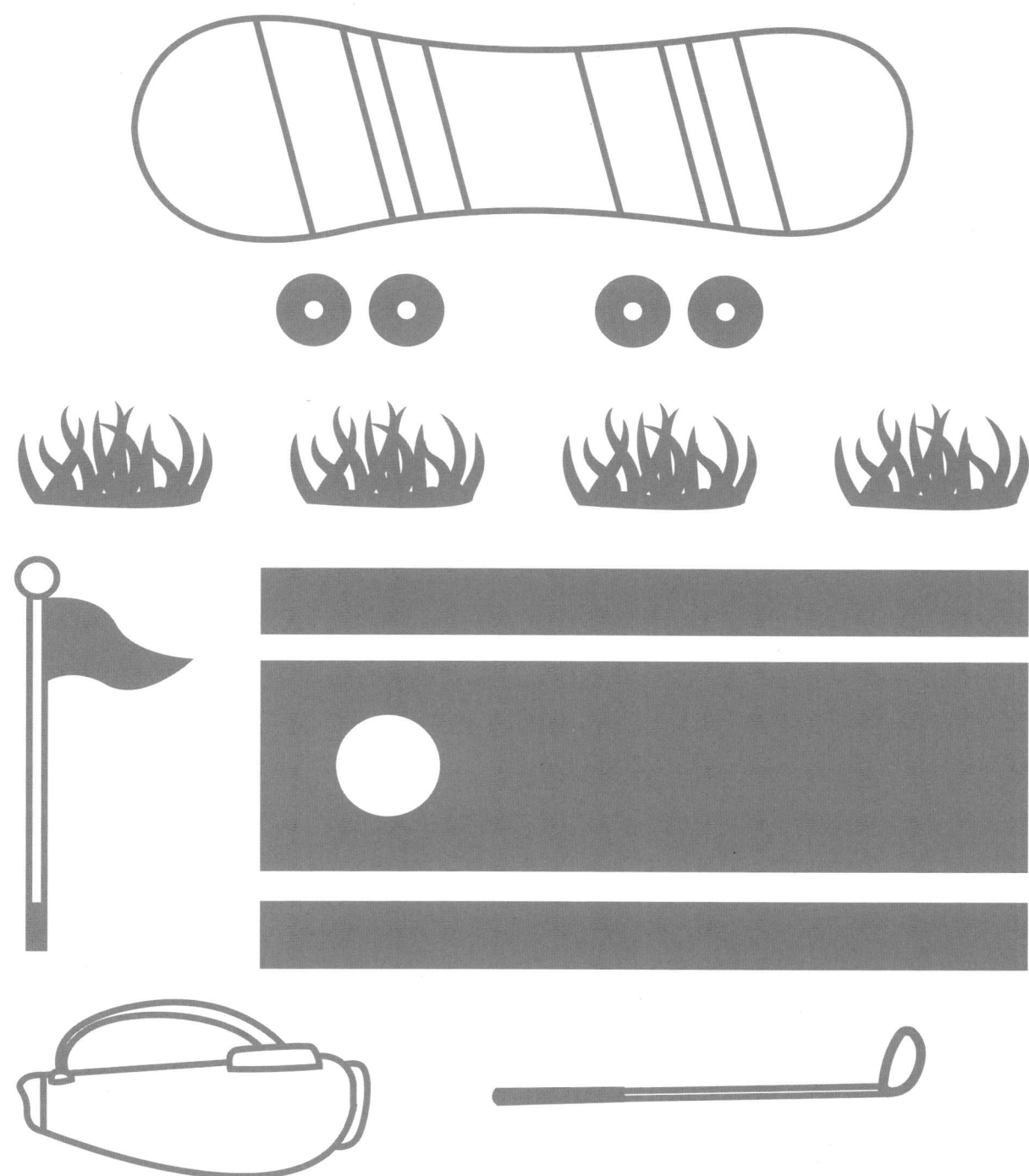

여행

CHAPTER 06

이동수단	250
국내 명소	266
해외 명소	286

보러 가는 게 아니라, 가지러 가는 거야.
우리의 추억.

#추억 모으기

다양한 이동수단

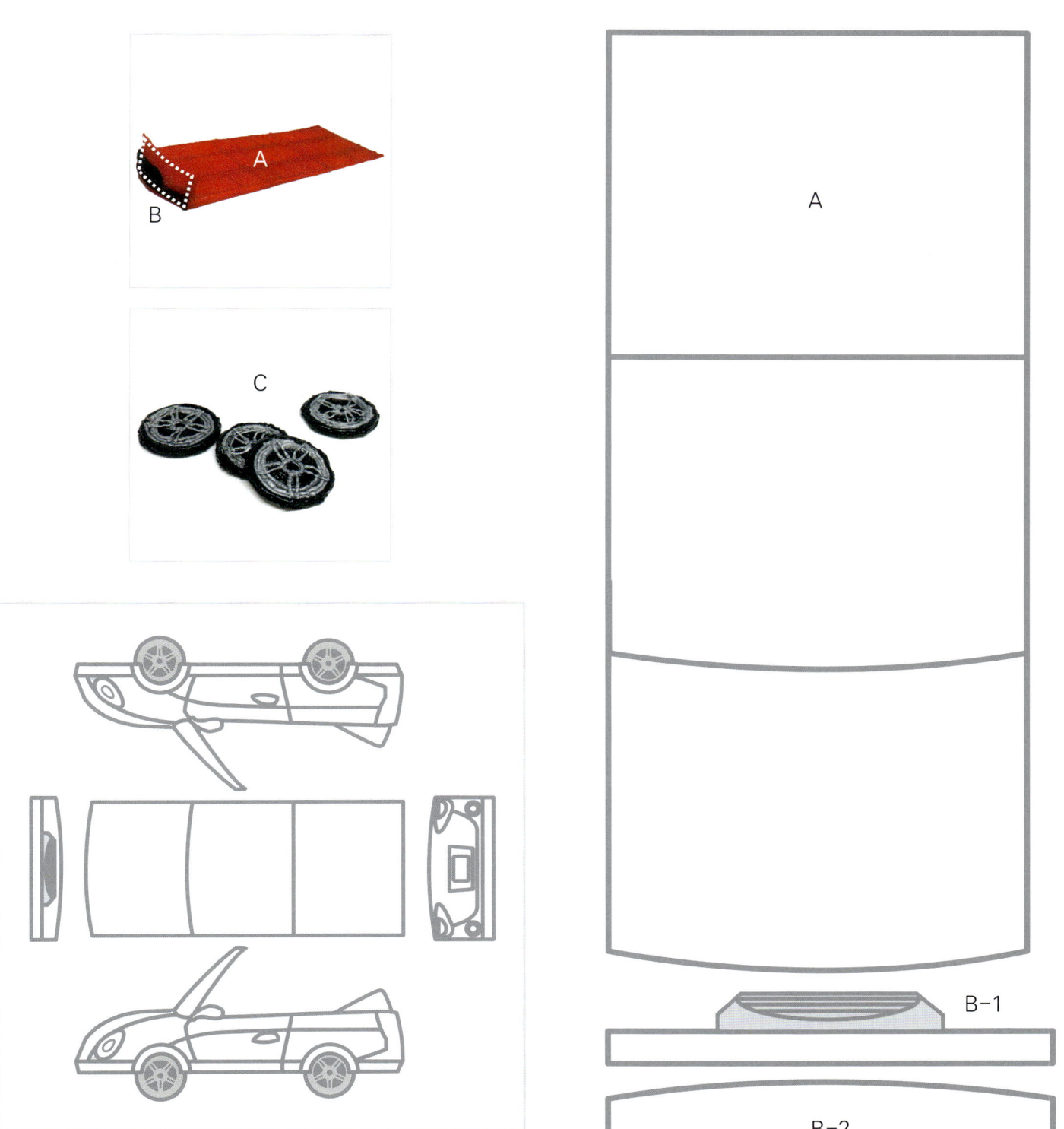

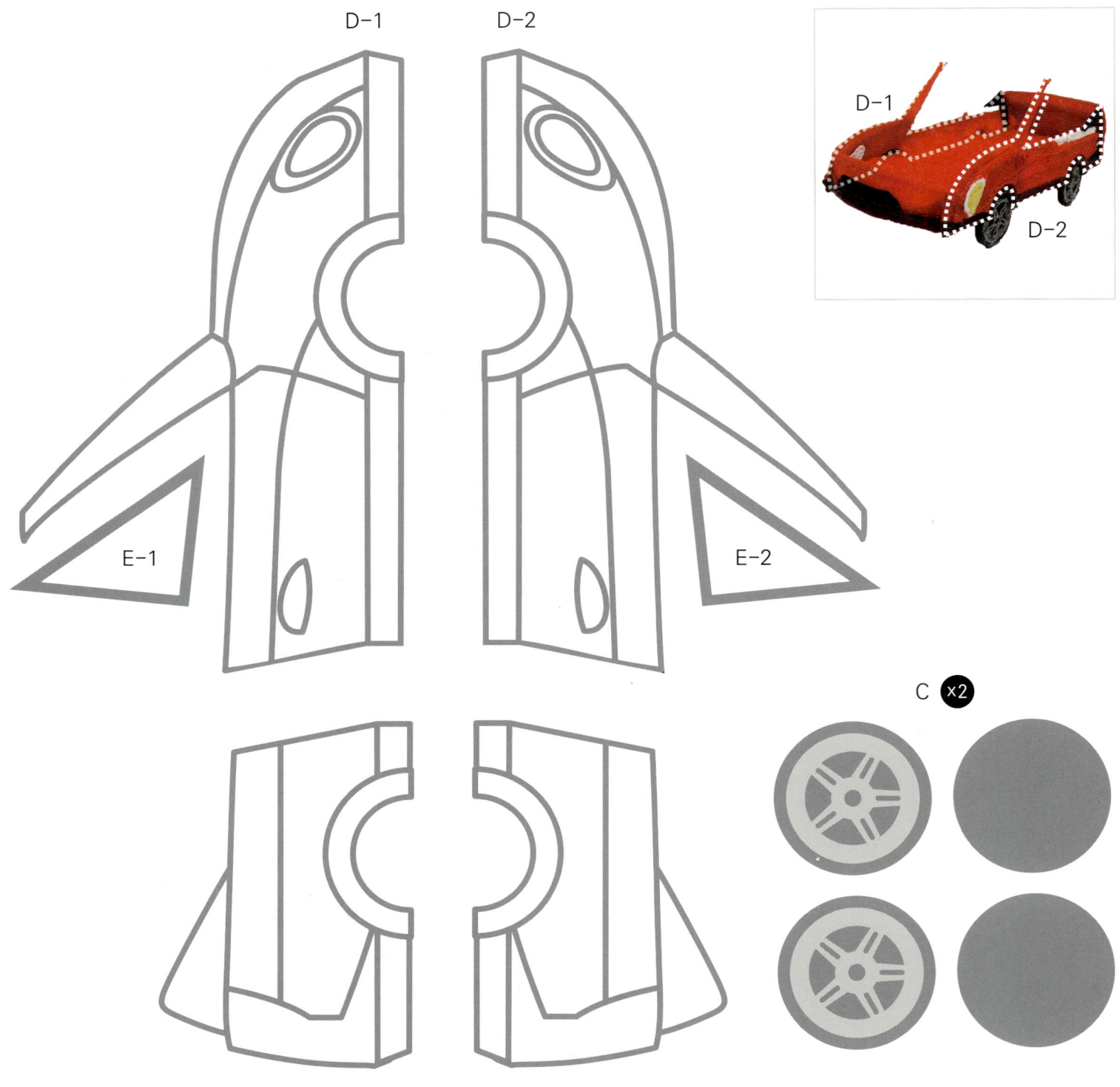

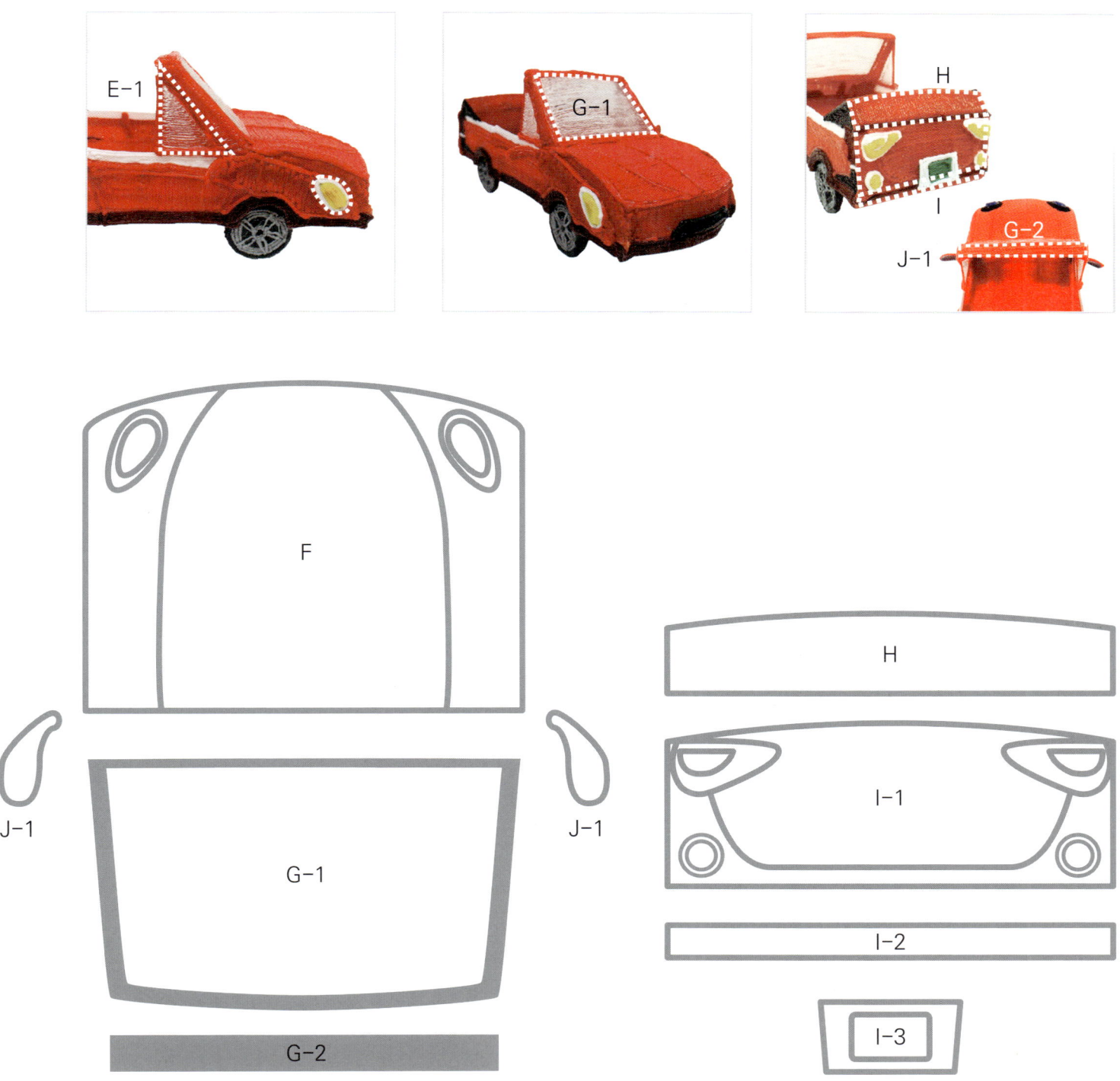

비행기 ①

1. A 조각을 B 조각 위에 아치 모양으로 세워 붙여주세요. | 2. C 조각(창문)을 붙인 후 나머지 빈 곳을 공중 그리기 기법으로 잇고 채워주세요.
3. 같은 방법으로 타원형 조각을 한 개 더 만들고 서로 맞대어 이어 붙여주세요. | 4. 문지르기 기법으로 표면을 정리해주세요.
5. D-1, D-2, E, F-1, F-2 조각을 몸통에 붙여주세요. | 6. 앞코 부분을 꾸민 후 G 막대 조각을 이어 붙이고 프로펠러 조각을 꽂아주세요.
7. 프로펠러 조각에 닿지 않도록 G 막대 끝에 점을 그려 막아주세요. | 8. H 조각을 완성하고 비행기 밑에 붙여주세요. | 9. 완성된 비행기를 자유롭게 꾸며주세요.

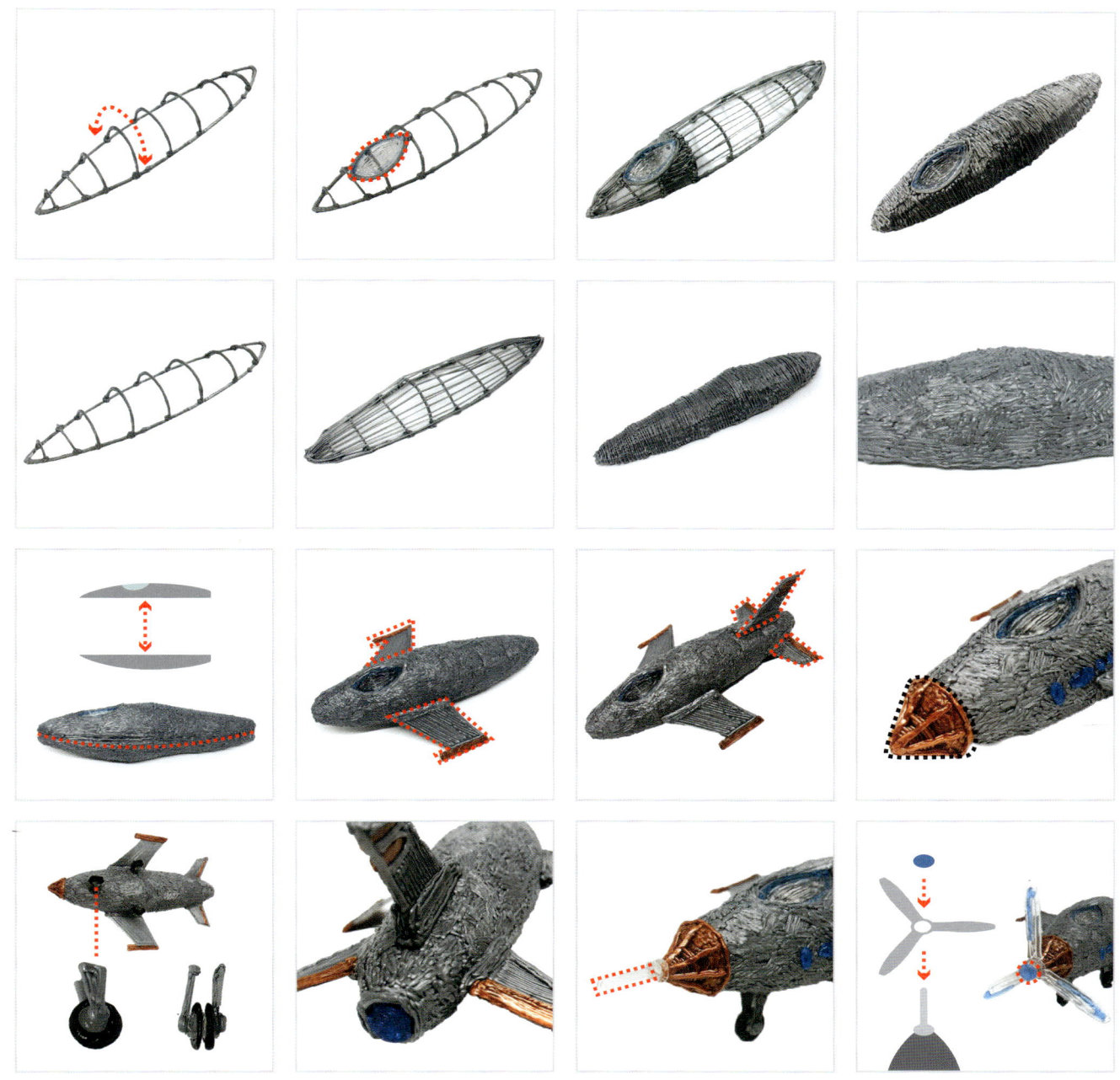

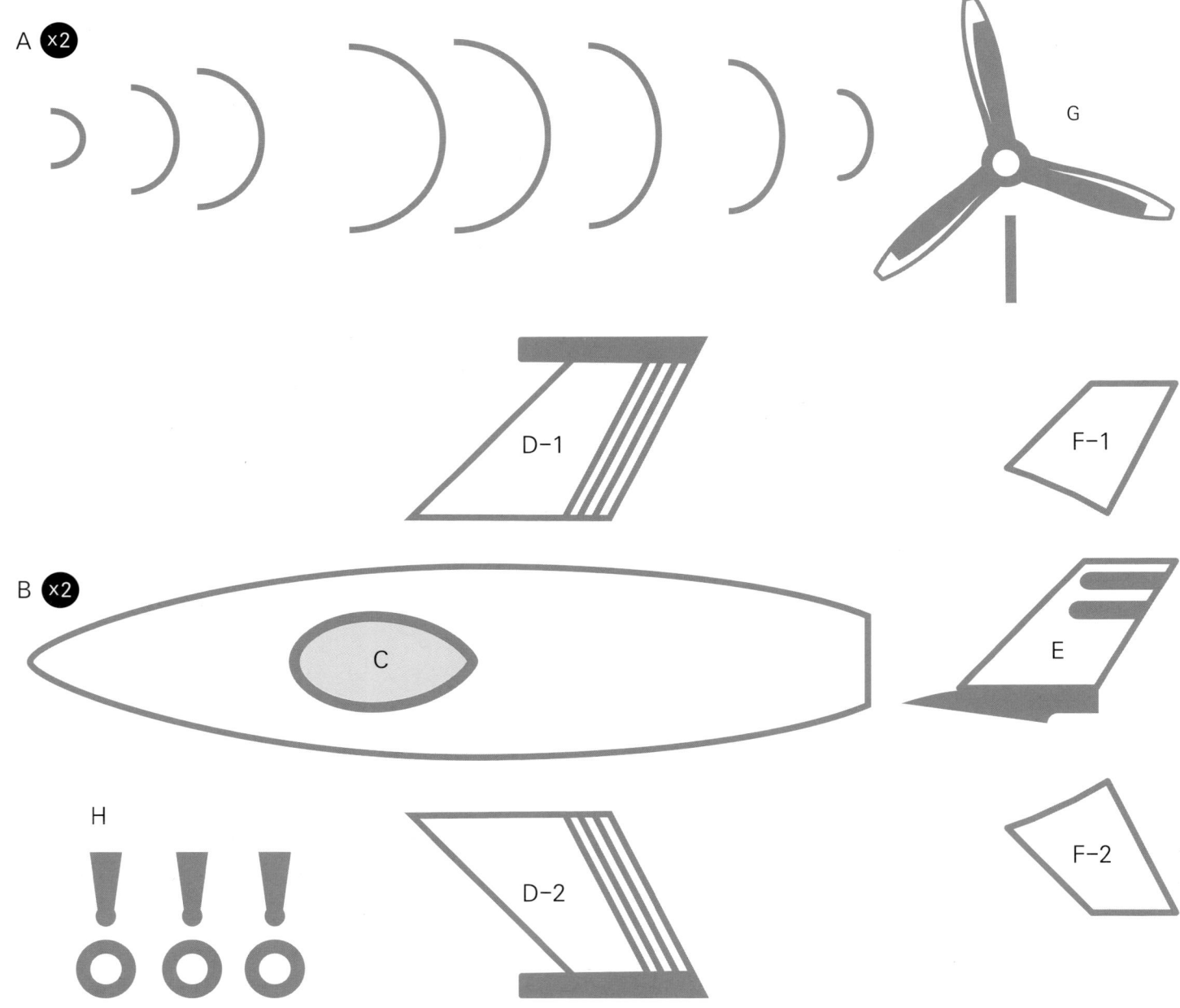

비행기 ②

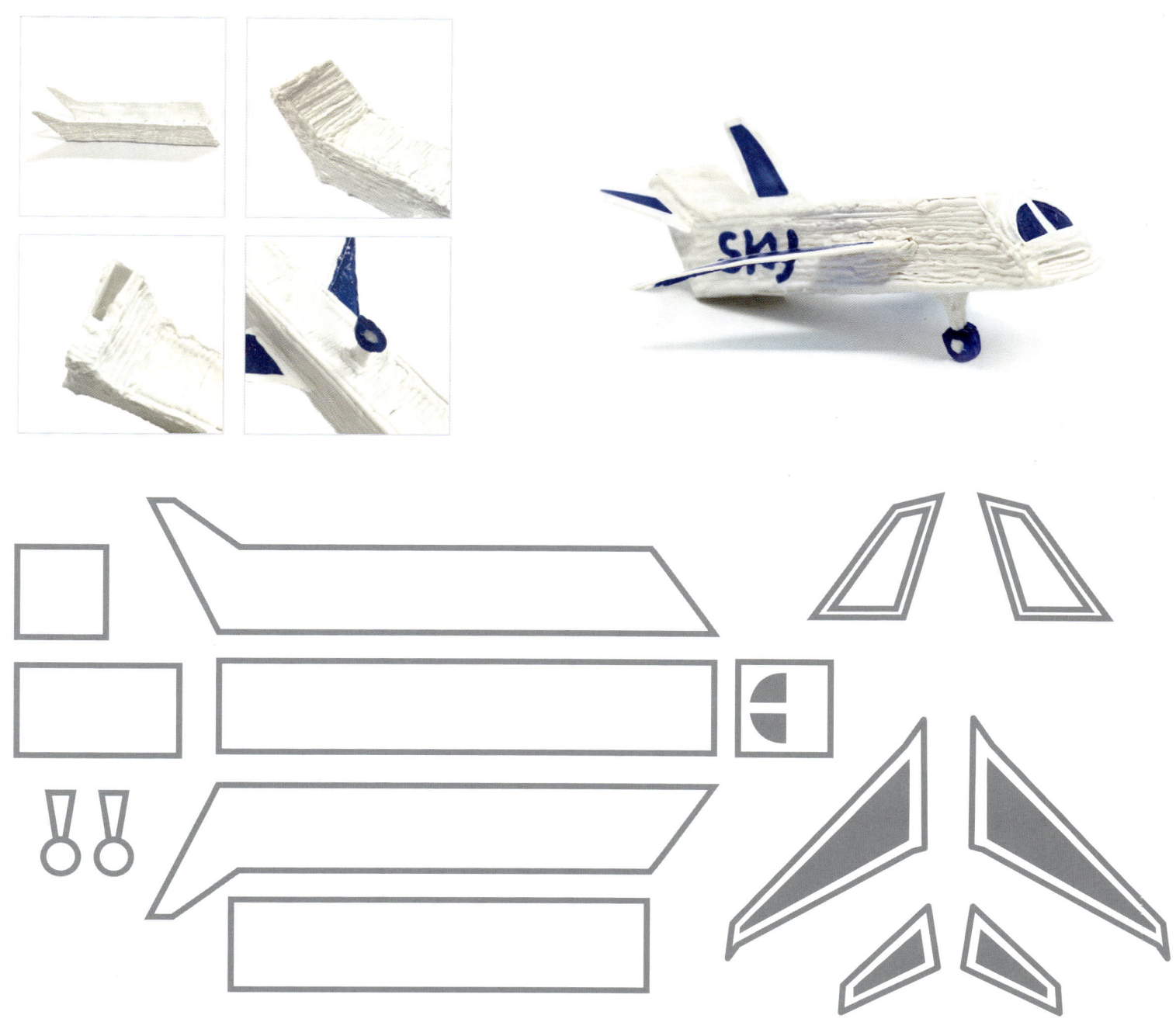

헬리콥터

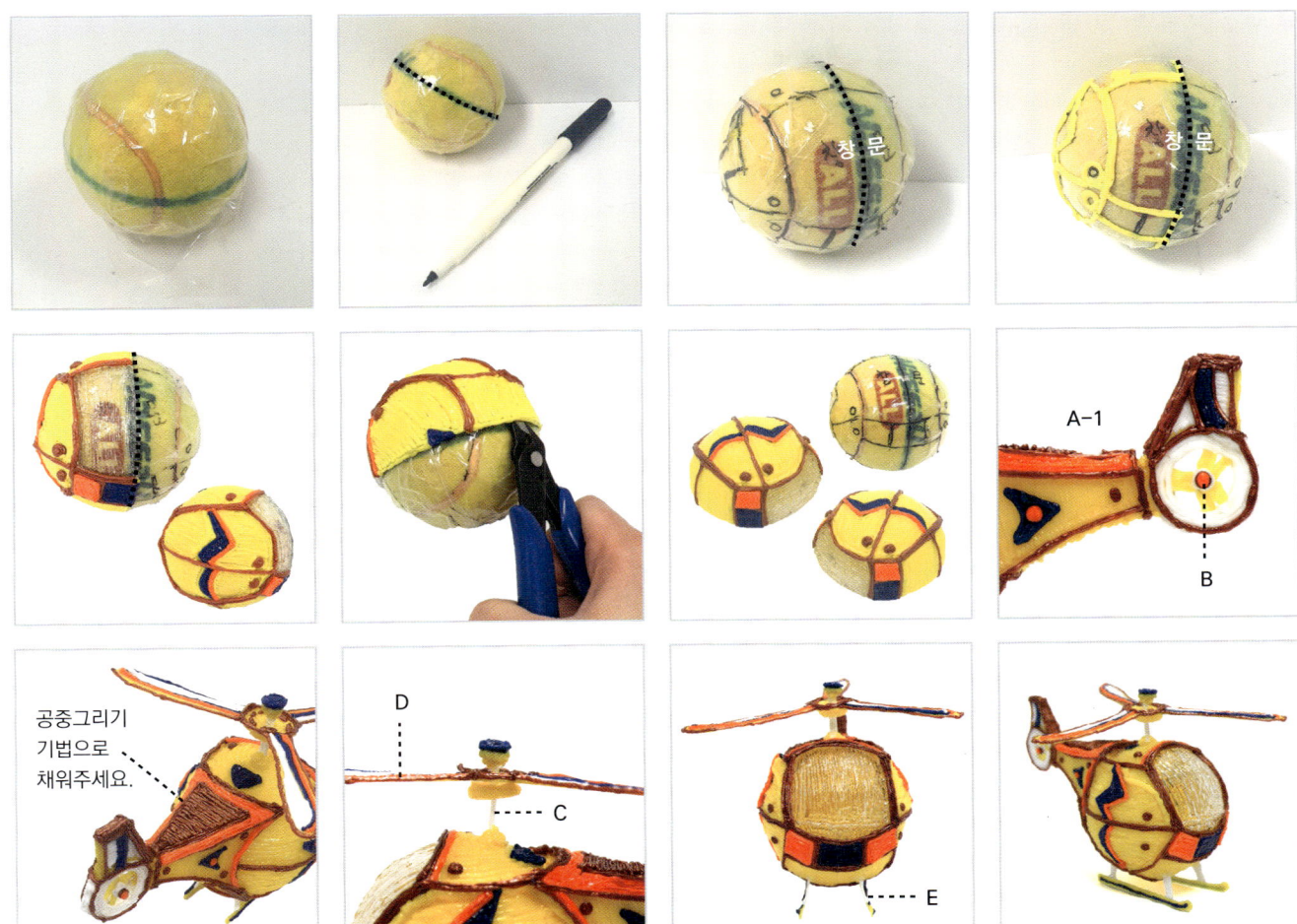

1. 테니스공에 박스테이프를 붙여주세요.
2. 유성펜으로 반을 나누어서 그리고 헬리콥터의 패턴을 그려주세요.
3. 3D펜으로 창문 부분을 포함해 헬리콥터의 반을 따라 그린 후 채워주세요.
4. 완성한 반쪽 조각을 떼어낸 후 반대쪽도 만들어 조각을 떼어내주세요.
5. 떼어낸 조각을 맞대어 이어 붙여주세요.
6. A-1 조각을 완성한 후 A-1 조각 동그라미의 빈 곳에 B 조각(작은 프로펠러)이 보이도록 뒷면에 두고 이어 붙여주세요.
7. A-2 조각도 6번과 같은 방법으로 만들어주세요.
8. A-1 조각과 A-2 조각의 끝이 모이도록 붙이고 헬리콥터 본체와 자연스럽게 이어 붙여주세요.
9. C 조각을 헬리콥터 윗부분에 세워 이어 붙여주세요.
10. 프로펠러 조각 D를 C 조각에 끼운 후 꼭지 부분을 마감해주세요.
(끼우기 전 너무 헐겁게 돌아가지 않는지 확인하여 구멍 크기를 조절하고, 구멍이 작을 경우 글루건으로 구멍을 지져 넓혀주세요)
11. 헬리콥터 다리 조각 E를 이어 붙여주세요.

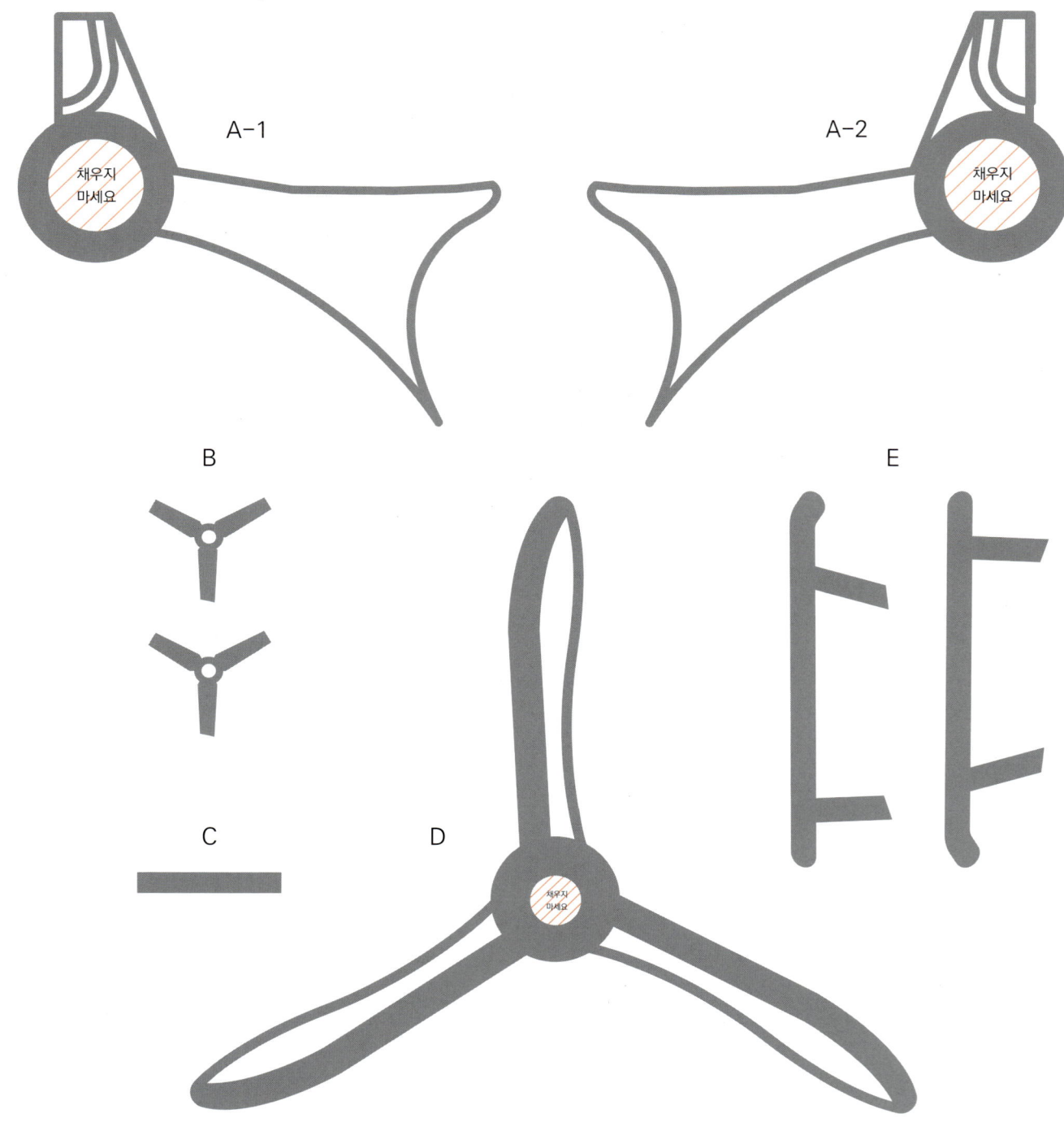

자전거

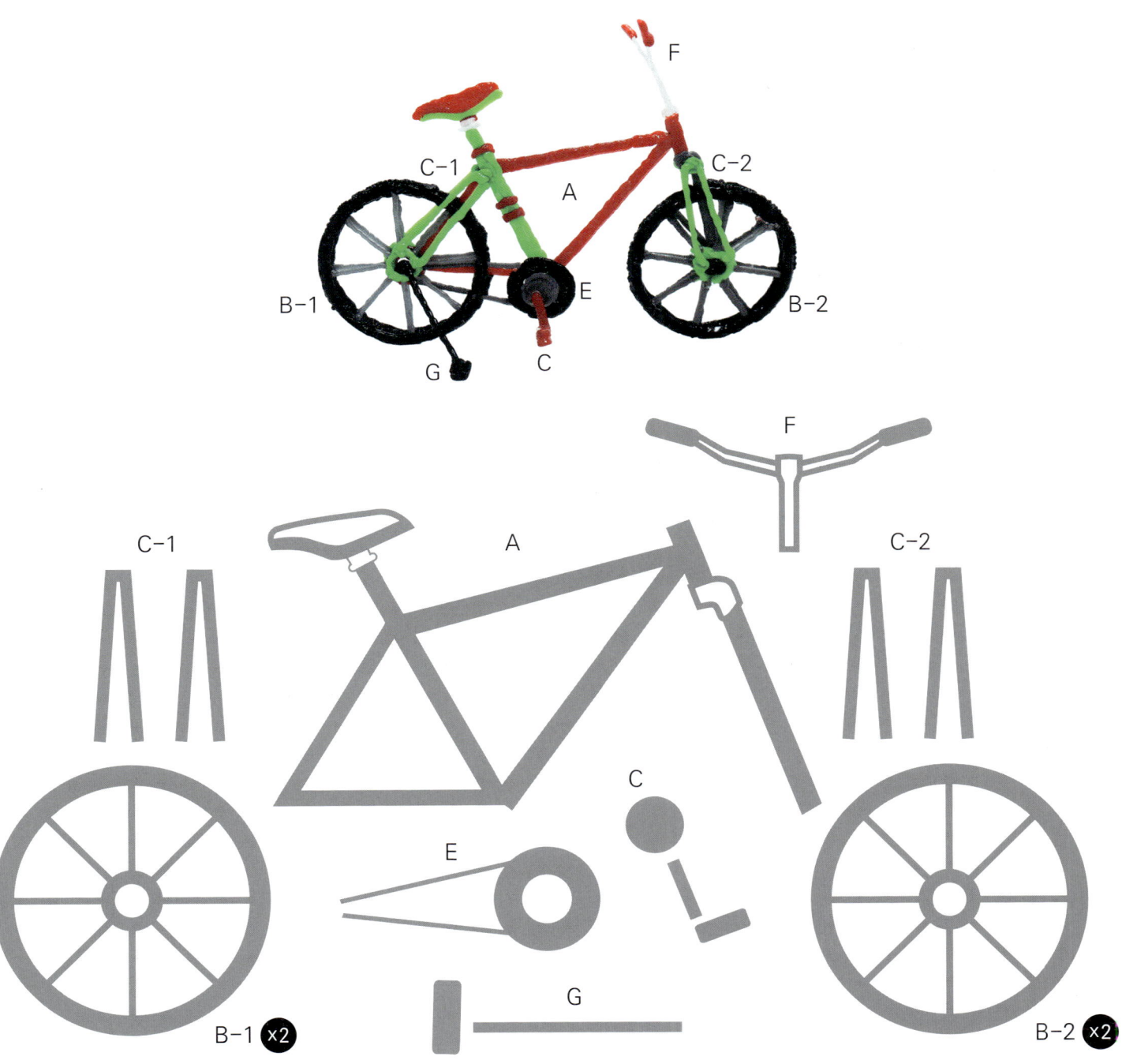

로켓

1. A 조각 위에 B 조각을 세워 붙여주세요.
2. 위아래를 튼튼하게 이어 붙여주세요.
3. 뼈대 사이를 공중 그리기 기법으로 채워주세요.
4. C 조각을 만들고 로켓 몸통에 이어 붙여주세요.
5. D 조각을 따라 그린 후 구름 부분을 보글링 기법으로 쌓아 올려주세요.
6. 완성된 로켓과 이어 붙여주세요.

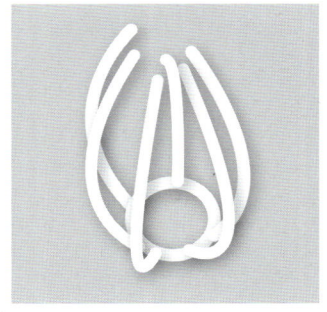   

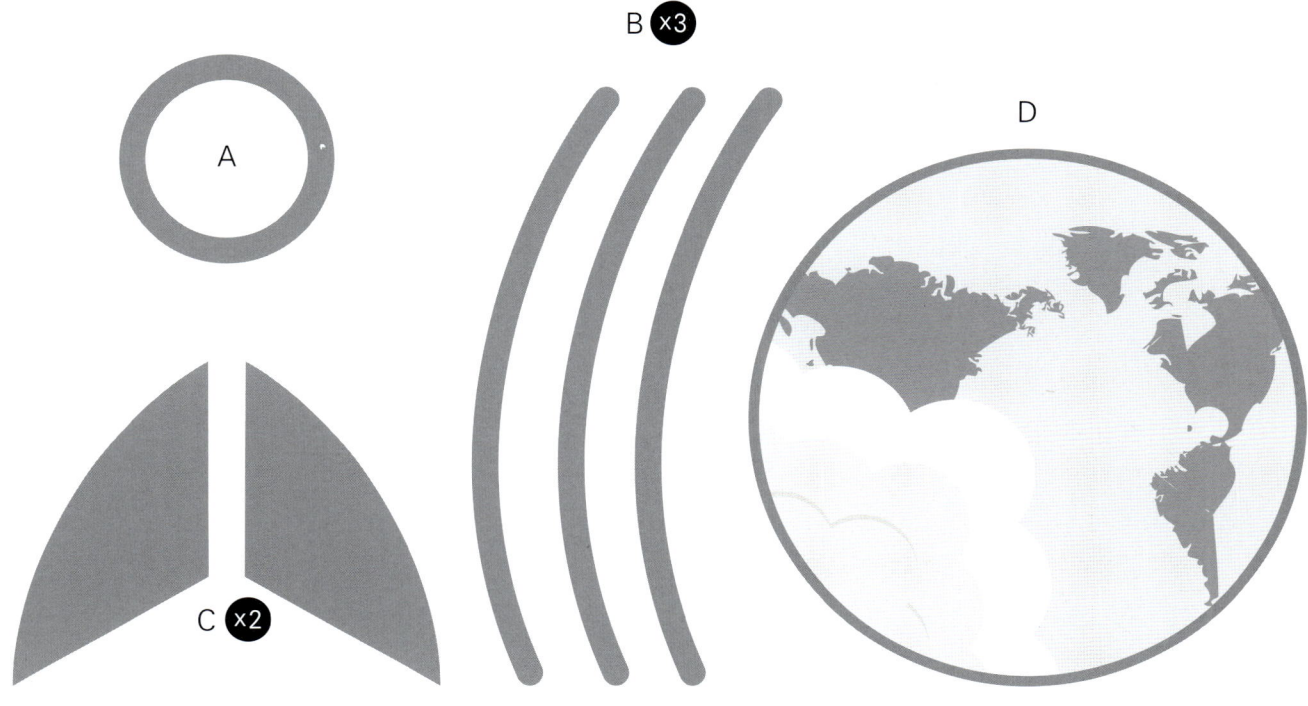

국내 명소

다보탑

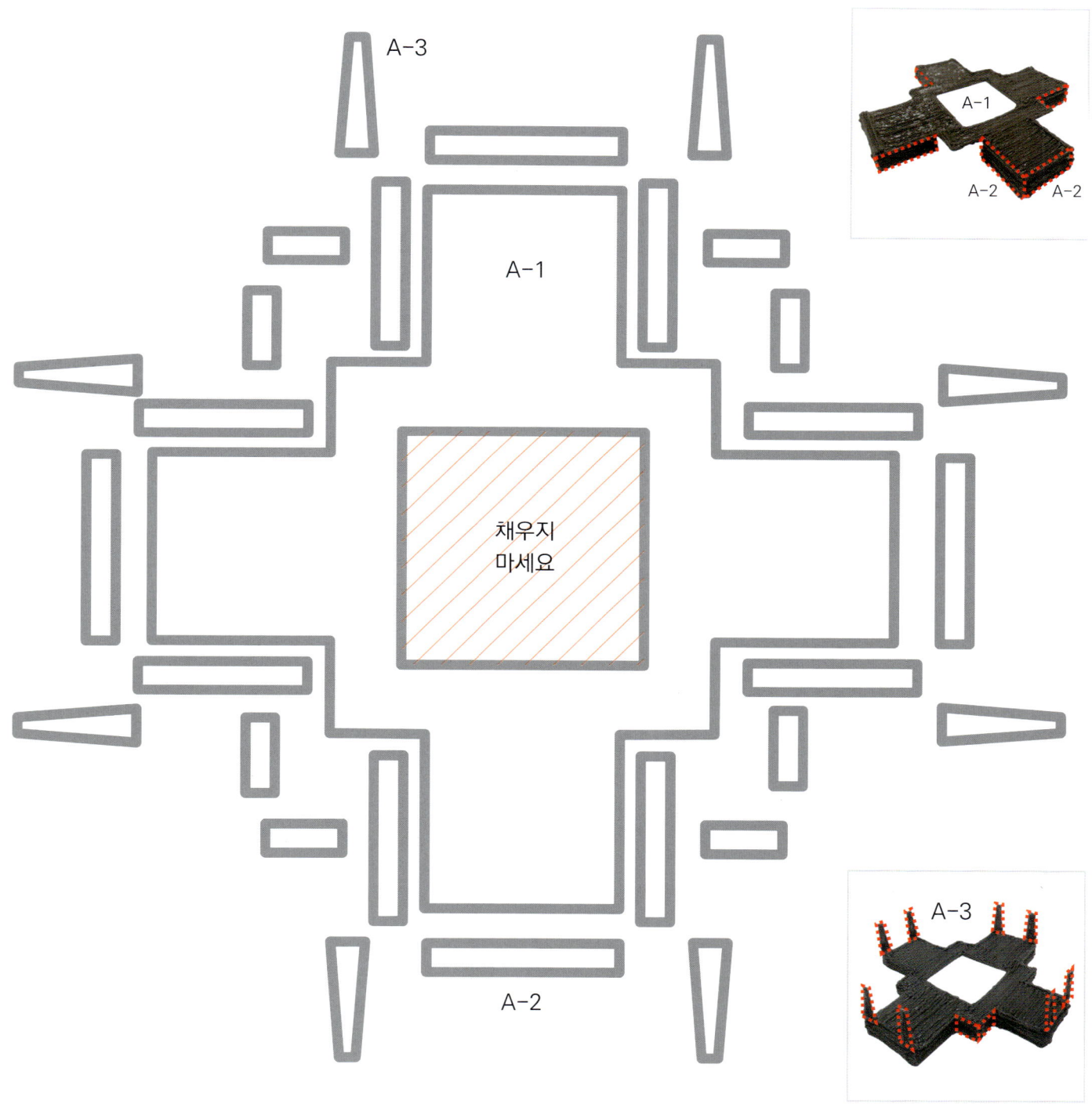

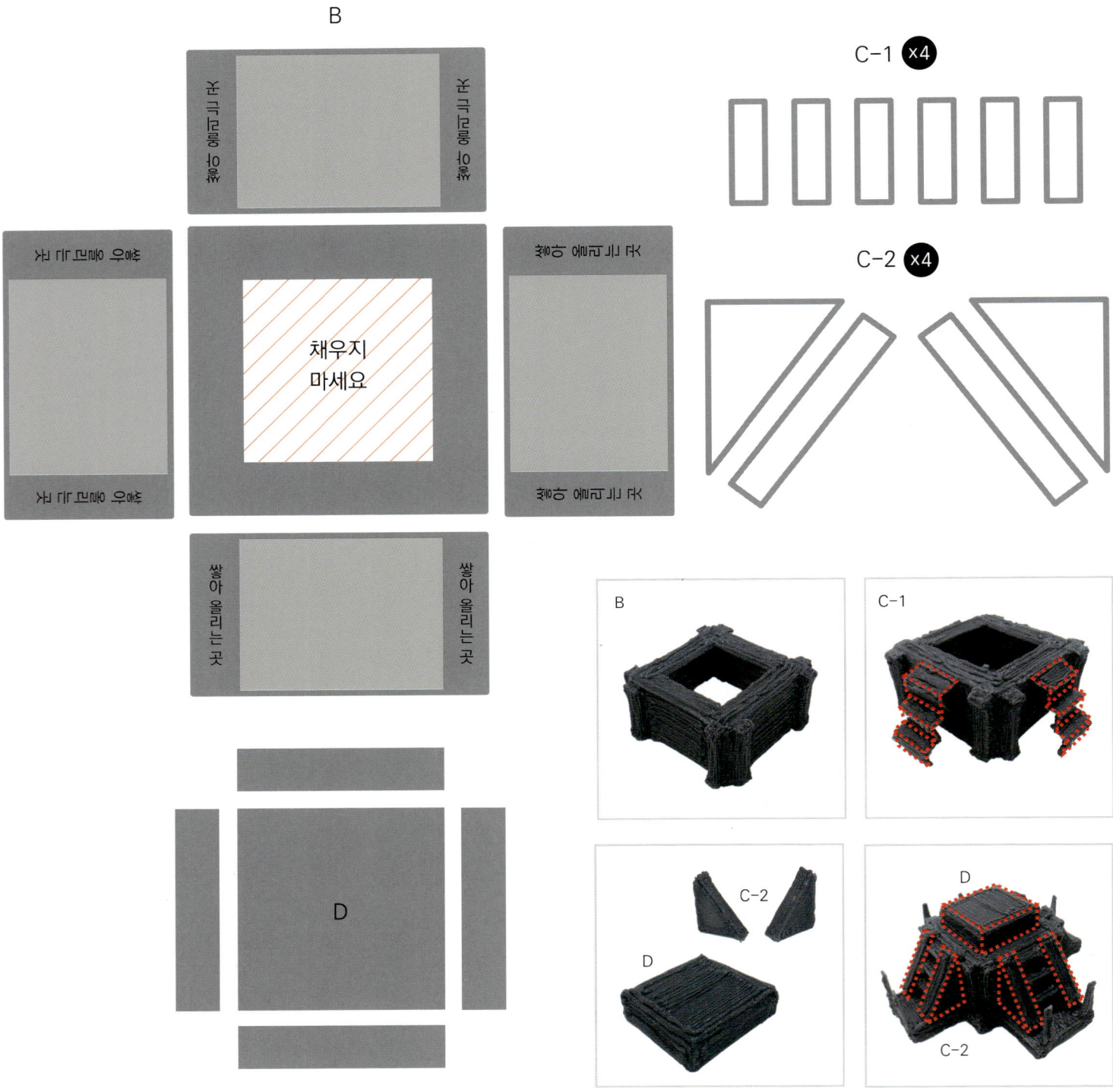

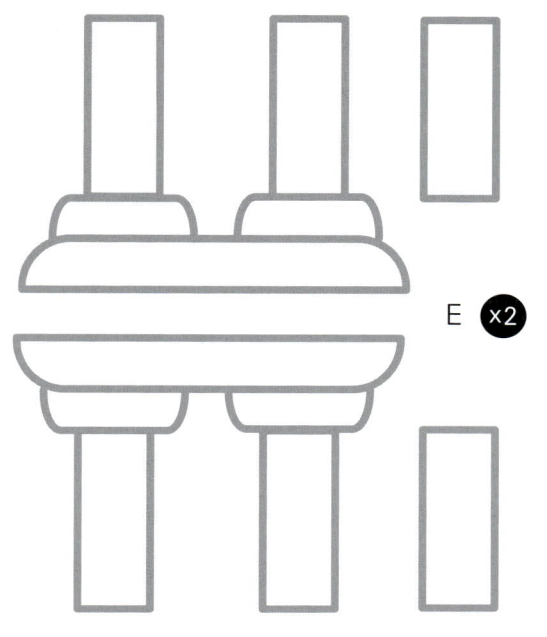

E ×2

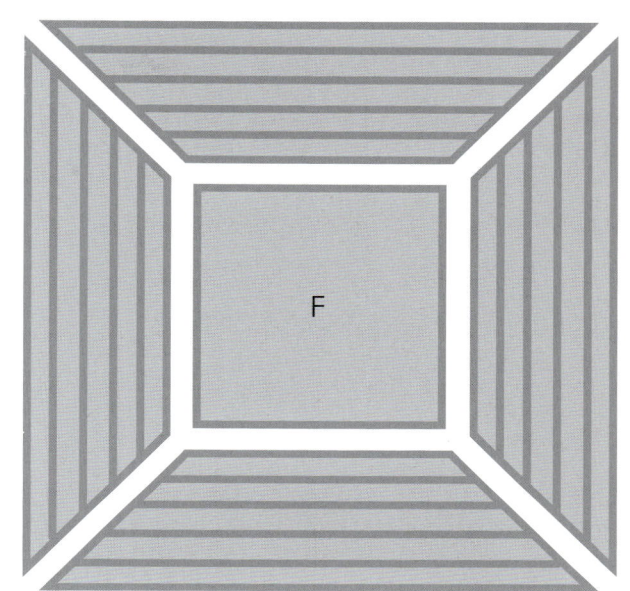

F

G

공중 그리기 기법으로
채워주세요.
(36쪽 참고)

E

E

E

F

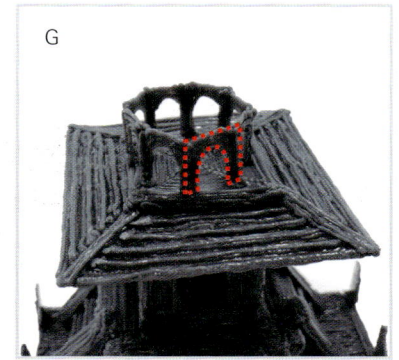

G

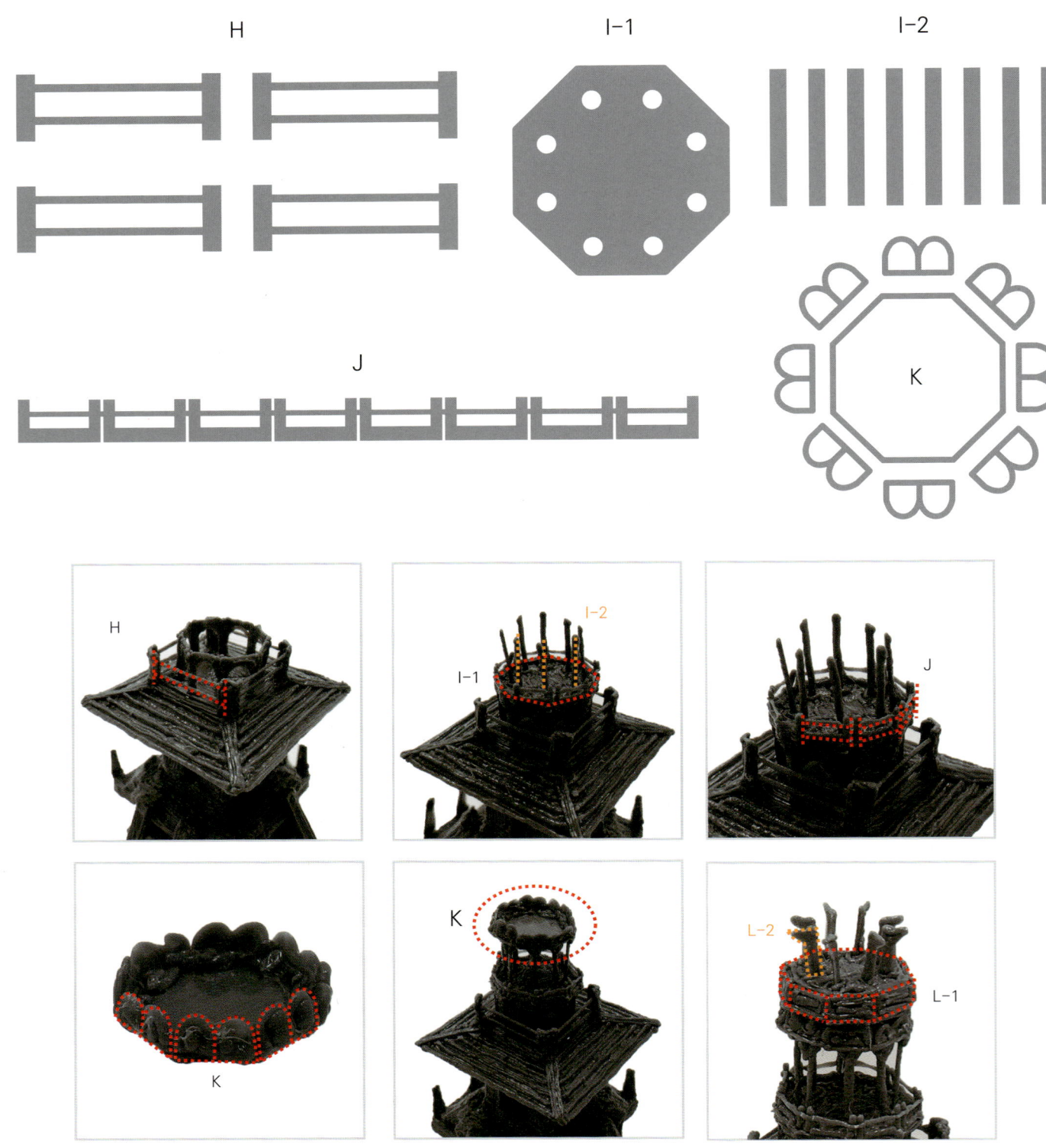

CHAPTER 06 국내 명소 | 다보탑

L-1 L-2 ×2 M N

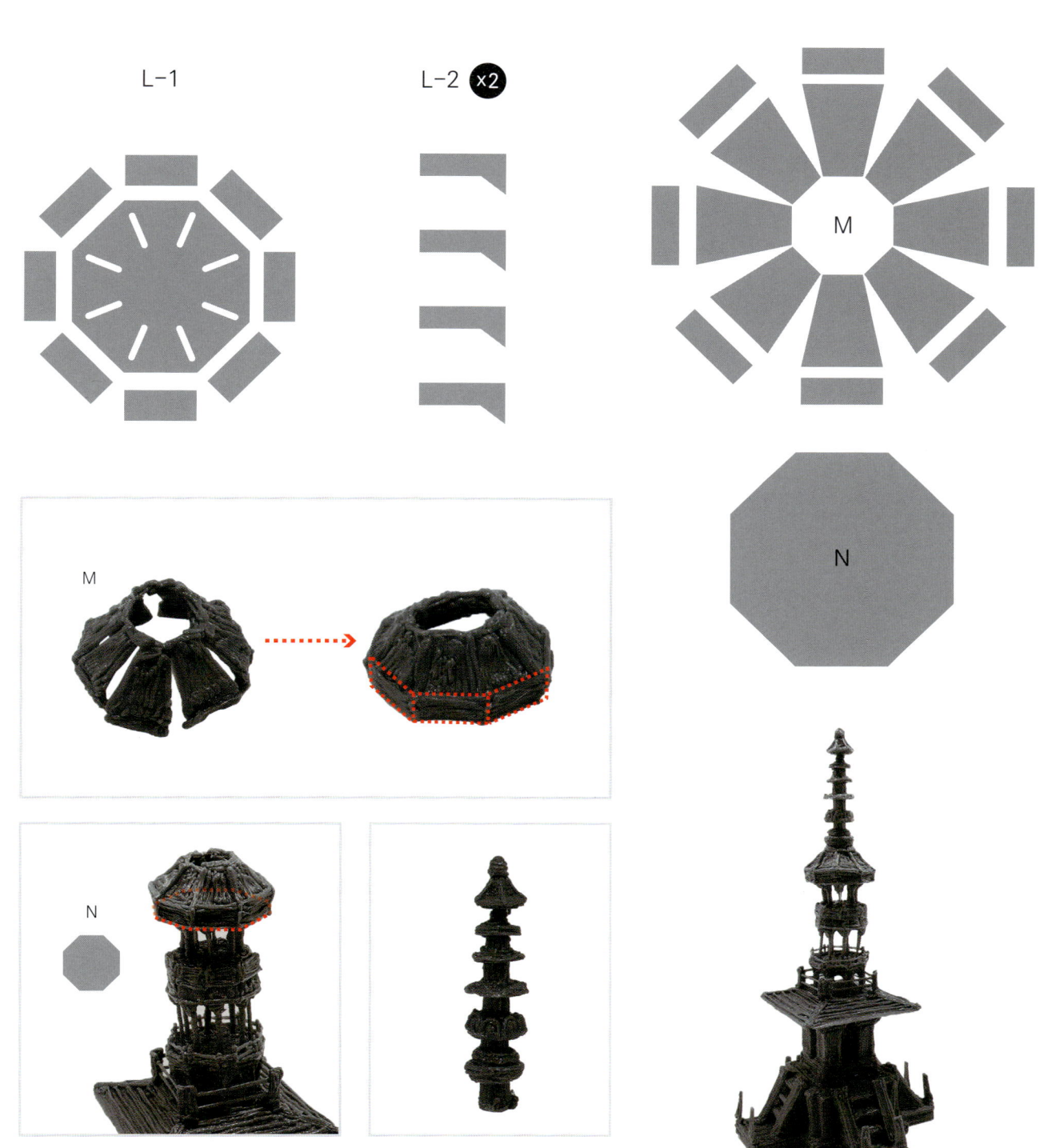

기둥을 만들고 탑 맨 위에 붙여주세요.

첨성대

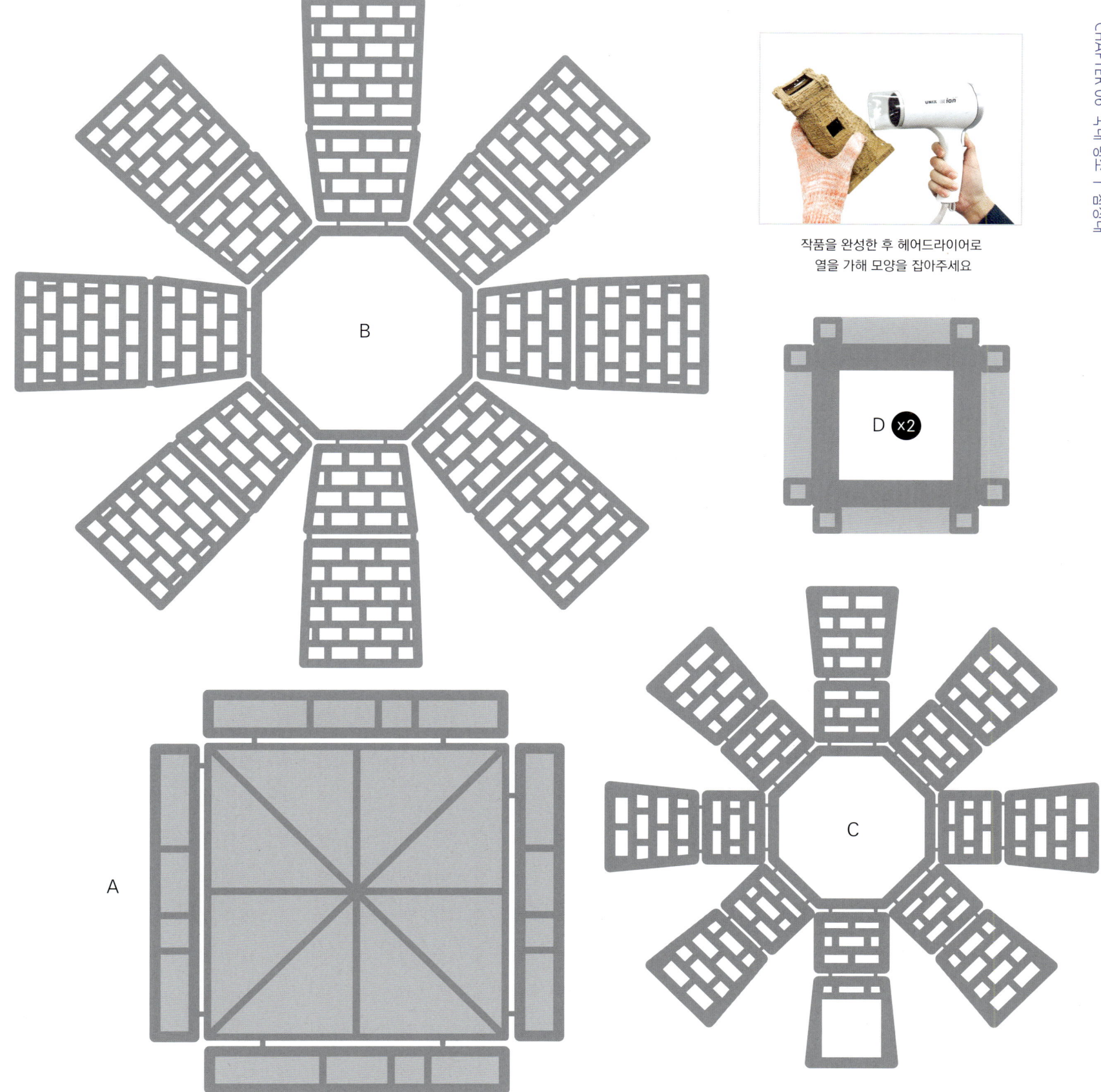

N서울타워

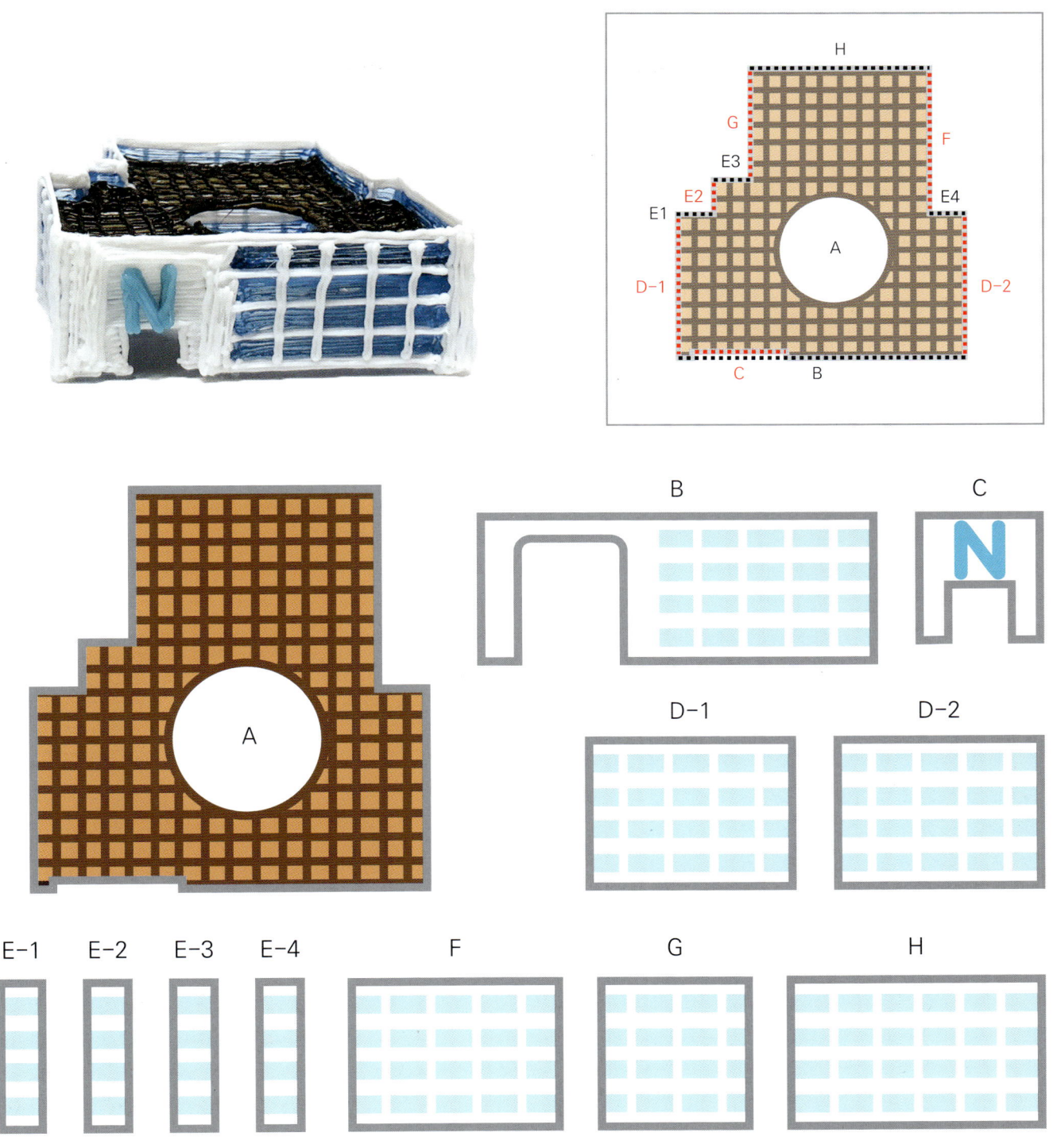

모두의 3D펜 | 277

 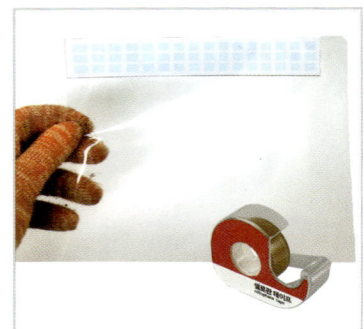
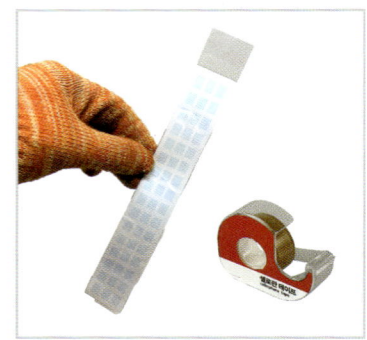 

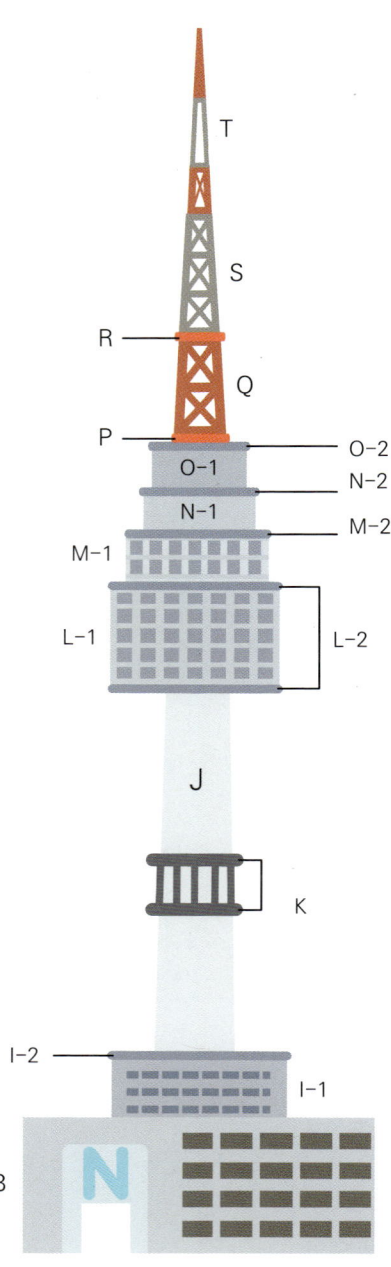

1. 279쪽에 있는 도안을 가위로 오려주세요.
2. 오려낸 도안 위에 투명필름을 덧대고 셀로판테이프로 고정한 후 오려내세요.
3. 오려낸 투명필름과 도안을 한 번 더 셀로판테이프로 고정해주세요.
4. 붙임 면에 맞도록 둥글게 말고 셀로판테이프로 고정해주세요.
5. 3D펜으로 J 도안의 테두리를 따라 그리고 칠한 후 안에 있는 투명필름과 도안을 빼내세요.
6. 나머지 도안도 3D펜으로 따라 그려서 모두 칠하고 안에 있는 투명필름과 도안을 빼내세요.

아래의 도안을 오려서 사용하세요.

CHAPTER 06 국내명소 | N서울타워

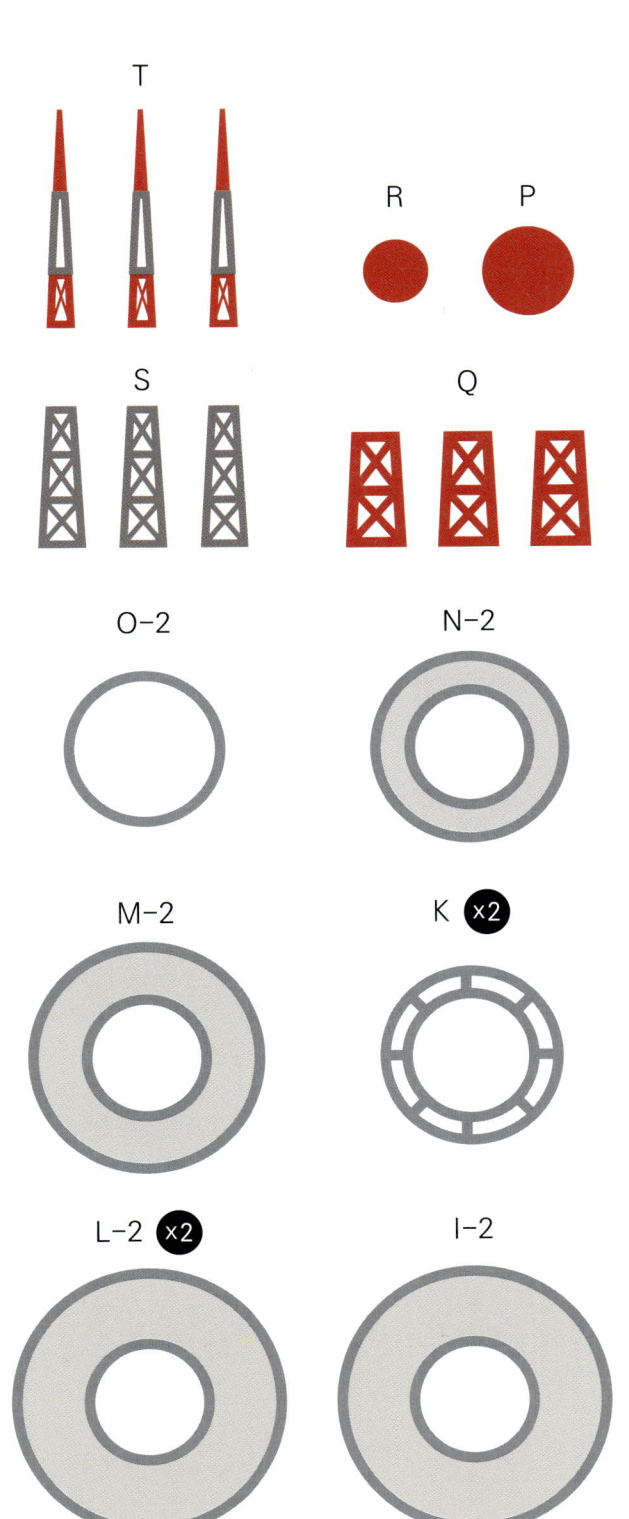
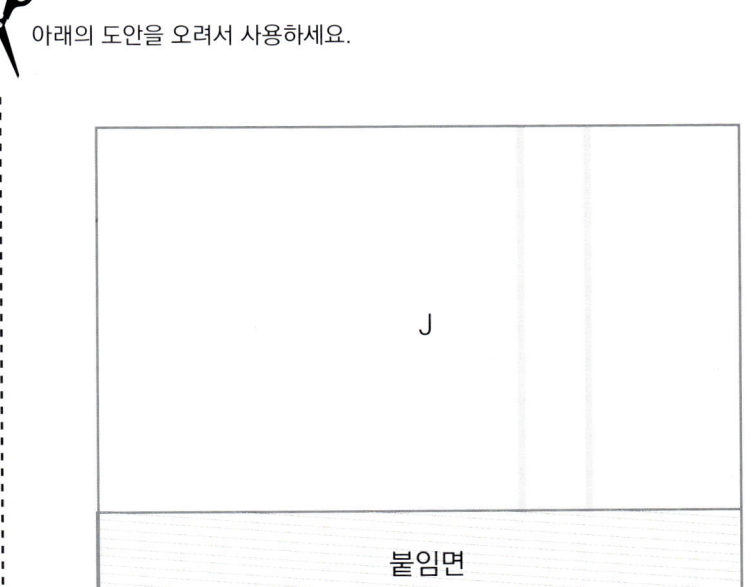
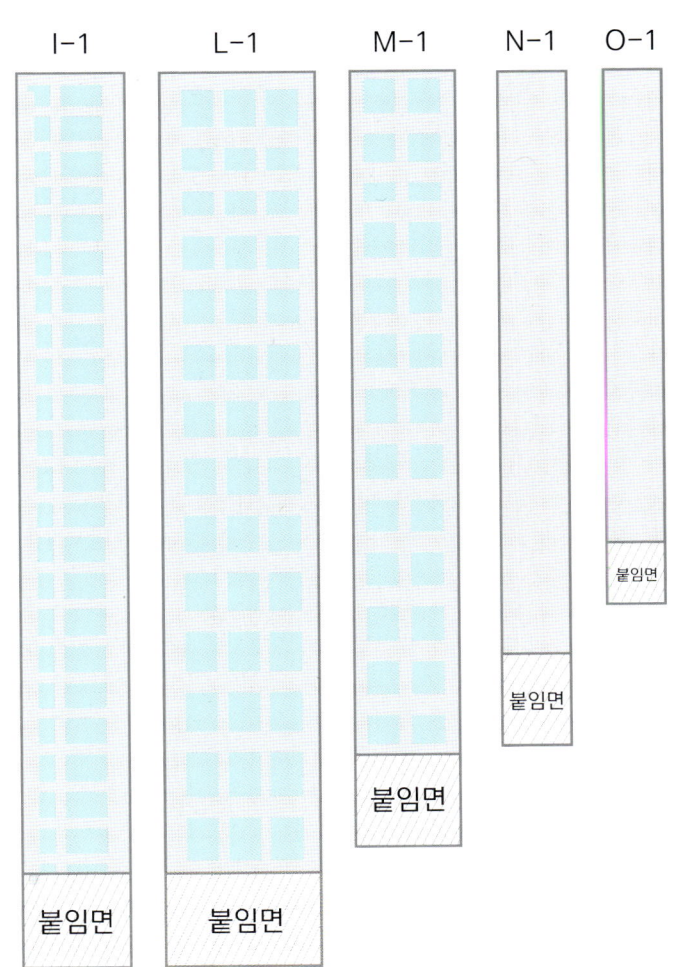

모두의 3D펜 | 279

오려지는 면입니다

> **TIP**
> 278쪽의 조립도 이미지를 참고하여 작업해주세요.

7. I-1 조각 위에 1-2 조각을 붙여주세요.
8. L-1 조각 위아래에 L-2 조각을 붙여주세요.
9. M-1 조각 위에 M-2 조각을 붙여주세요.
10. N-1조각 위에 N-2 조각을 붙여주세요.
11. O-1 조각 위에 O-2 조각을 붙이고 P 조각을 그 위에 붙여주세요.
12. N 조각 위에 O 조각을 붙이고 P 조각을 붙여주세요.
13. I 조각 위에 J 조각을 붙이고 K 조각을 J 조각에 끼워 붙여주세요.
14. K 조각 사이에 세로 선을 그려 꾸며주세요.
15. L 조각 위에 M 조각을, M 조각 위에 11번에서 완성한 조각을 붙여주세요.
16. Q 조각을 이어 붙여 삼각뿔대 모양을 만들어주세요.
17. S 조각을 이어 붙여 삼각뿔대 모양을 만들어주세요.
18. Q 조각을 타워 위에 이어 붙여주세요.
19. Q 조각 위에 R 조각을 이어 붙여주세요.
20. R 조각 위에 S 조각을 이어 붙여주세요.
21. T 조각을 타워 꼭대기에 삼각뿔 모양으로 이어 붙여주세요.

모두의 3D펜 | 281

서울 (SEOUL)

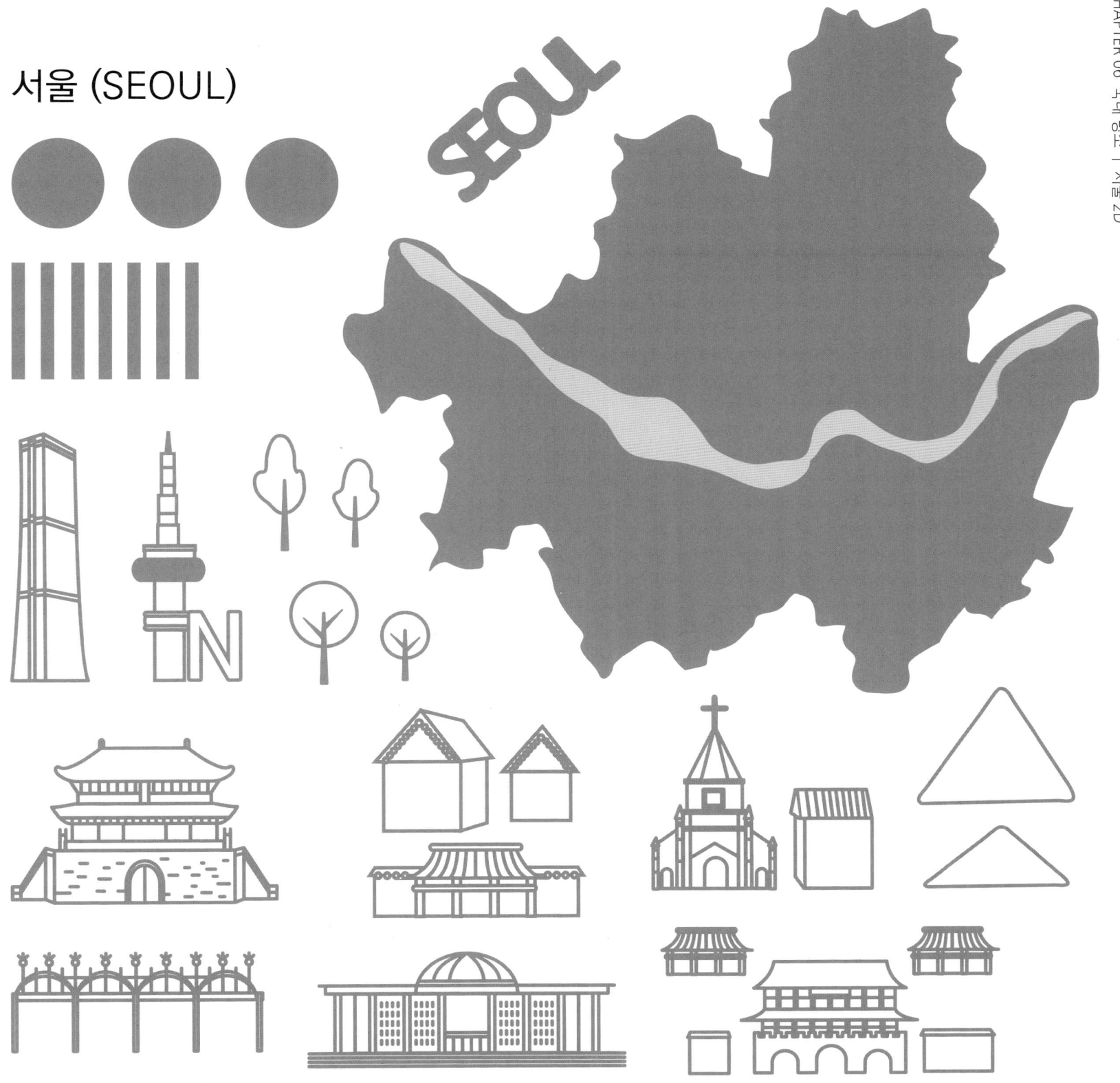

경주 (GYEONGJU)

CHAPTER 06 국내명소 | 제주 2D

제주 (JEJU)

모두의 3D펜 | 285

해외 명소

런던 타워브리지

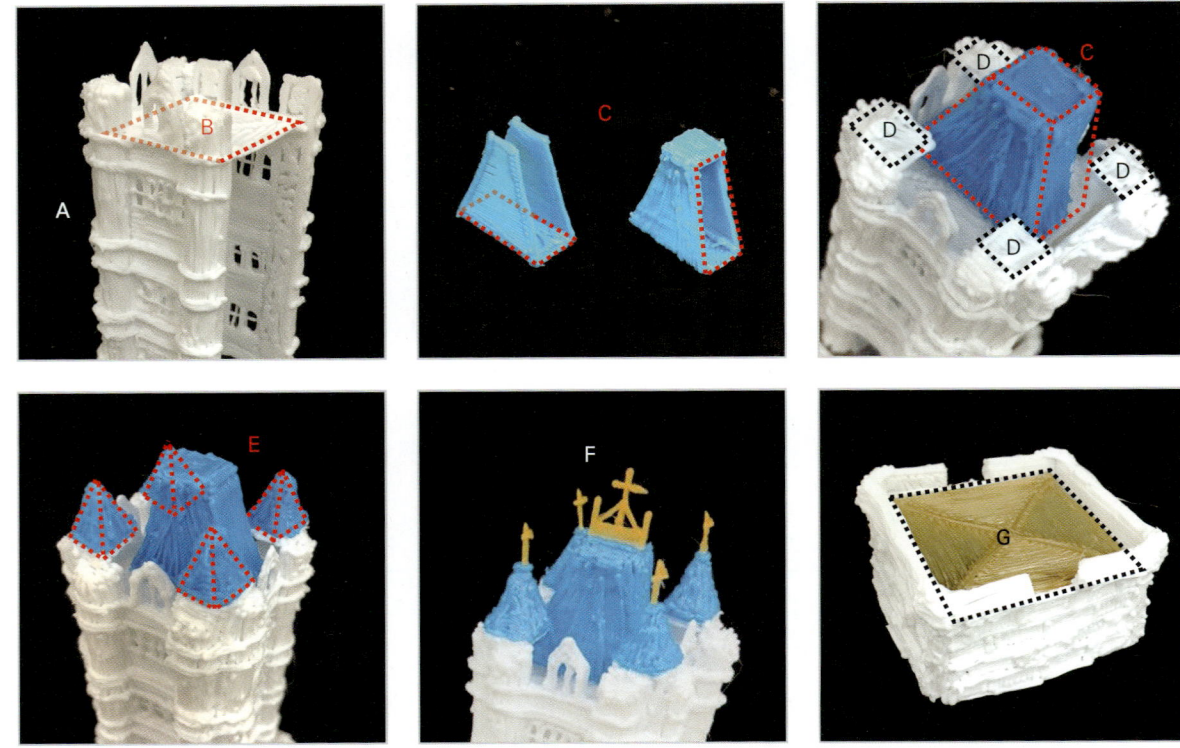

1. A 조각을 한 면을 뺀 나머지를 이어 붙인 후 B 조각을 윗면에 이어 붙여주세요.
2. 나머지 A 조각을 붙여 사각기둥 모양을 완성하세요.
3. C 조각을 이어 붙여 사각뿔대 모양으로 완성한 후 사각기둥 맨 위 가운데 붙여주세요.
4. D 조각을 위를 바라보도록 하여 사각기둥 모서리에 이어 붙여주세요.
5. E 조각 4개를 이어 붙여 사각뿔 모양으로 이어 붙여주세요(같은 방법으로 사각뿔 총 4개를 만들어주세요).
6. 완성한 사각뿔을 D 조각 위에 붙여주세요.
7. F 조각을 C 조각과 E 조각 위에 붙여주세요.
8. G-1 조각을 한 면을 뺀 나머지를 이어 붙인 후 G-2 조각을 윗면에 이어 붙여주세요.
9. 나머지 G-1 조각을 붙여 사각기둥 모양을 완성하세요.
10. 건물을 3D펜으로 덧칠하여 무늬를 부각하며 높낮이를 주세요.
11. 1~10번과 같은 방법으로 하나 더 완성해주세요.

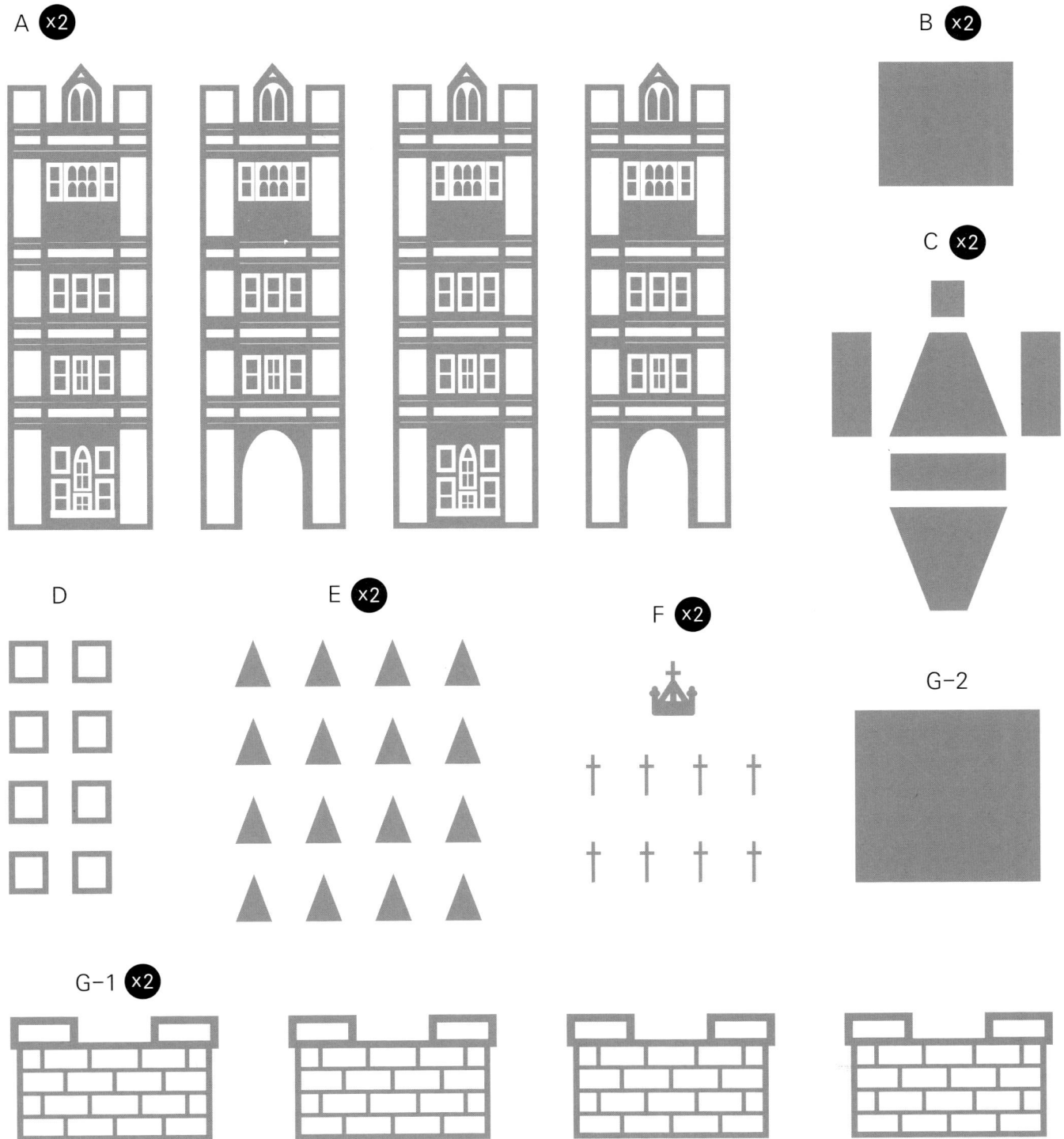

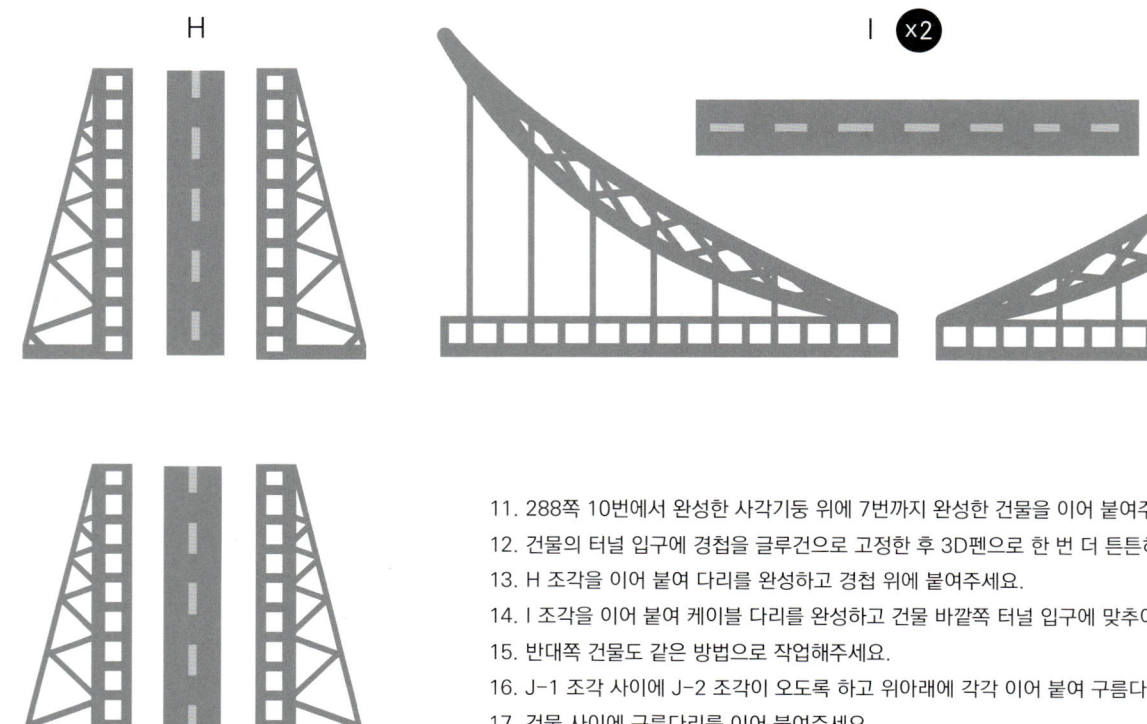

11. 288쪽 10번에서 완성한 사각기둥 위에 7번까지 완성한 건물을 이어 붙여주세요.
12. 건물의 터널 입구에 경첩을 글루건으로 고정한 후 3D펜으로 한 번 더 튼튼하게 붙여주세요.
13. H 조각을 이어 붙여 다리를 완성하고 경첩 위에 붙여주세요.
14. I 조각을 이어 붙여 케이블 다리를 완성하고 건물 바깥쪽 터널 입구에 맞추어 붙여주세요.
15. 반대쪽 건물도 같은 방법으로 작업해주세요.
16. J-1 조각 사이에 J-2 조각이 오도록 하고 위아래에 각각 이어 붙여 구름다리를 만들어주세요.
17. 건물 사이에 구름다리를 이어 붙여주세요.

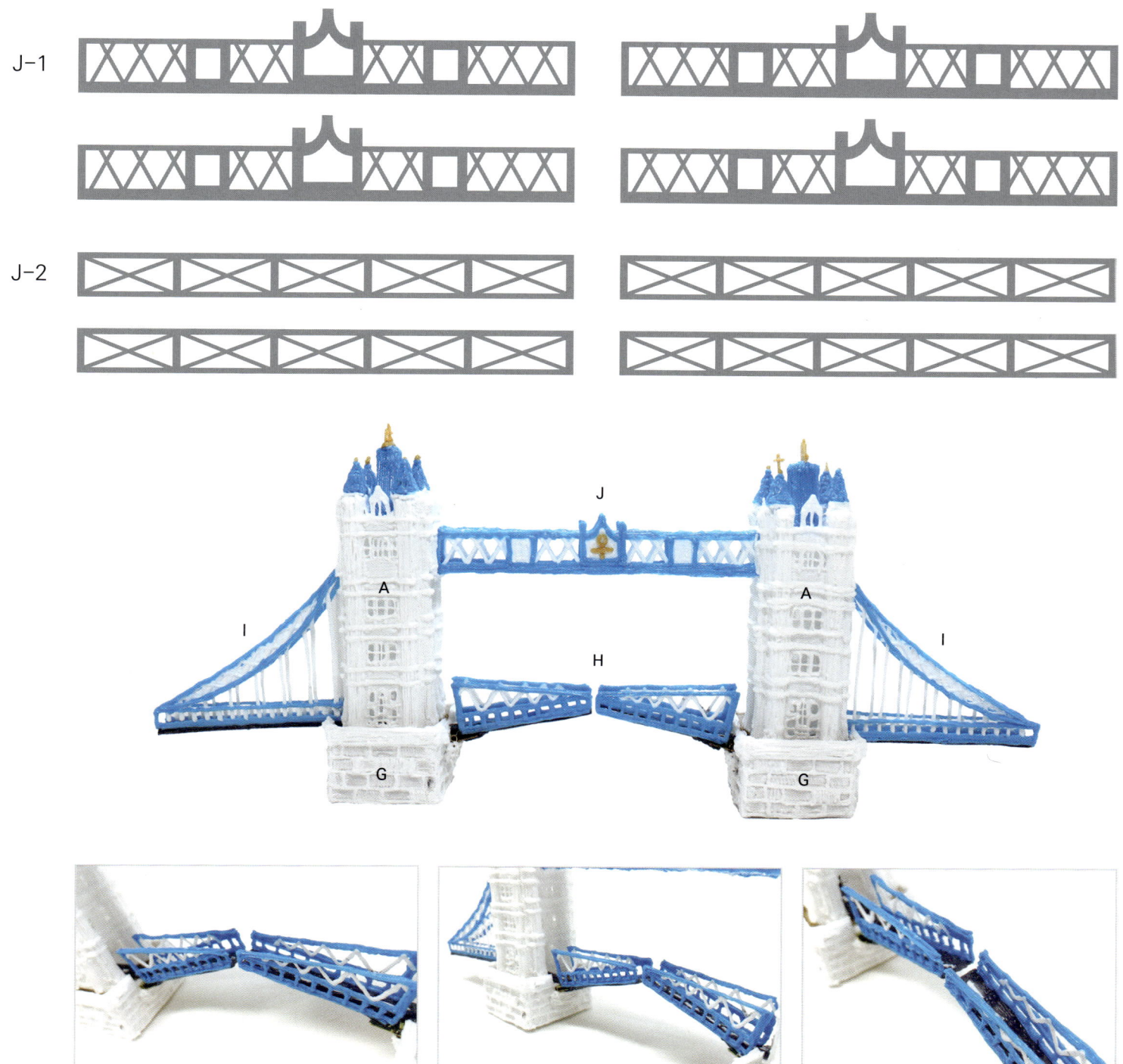

타지마할

A-1

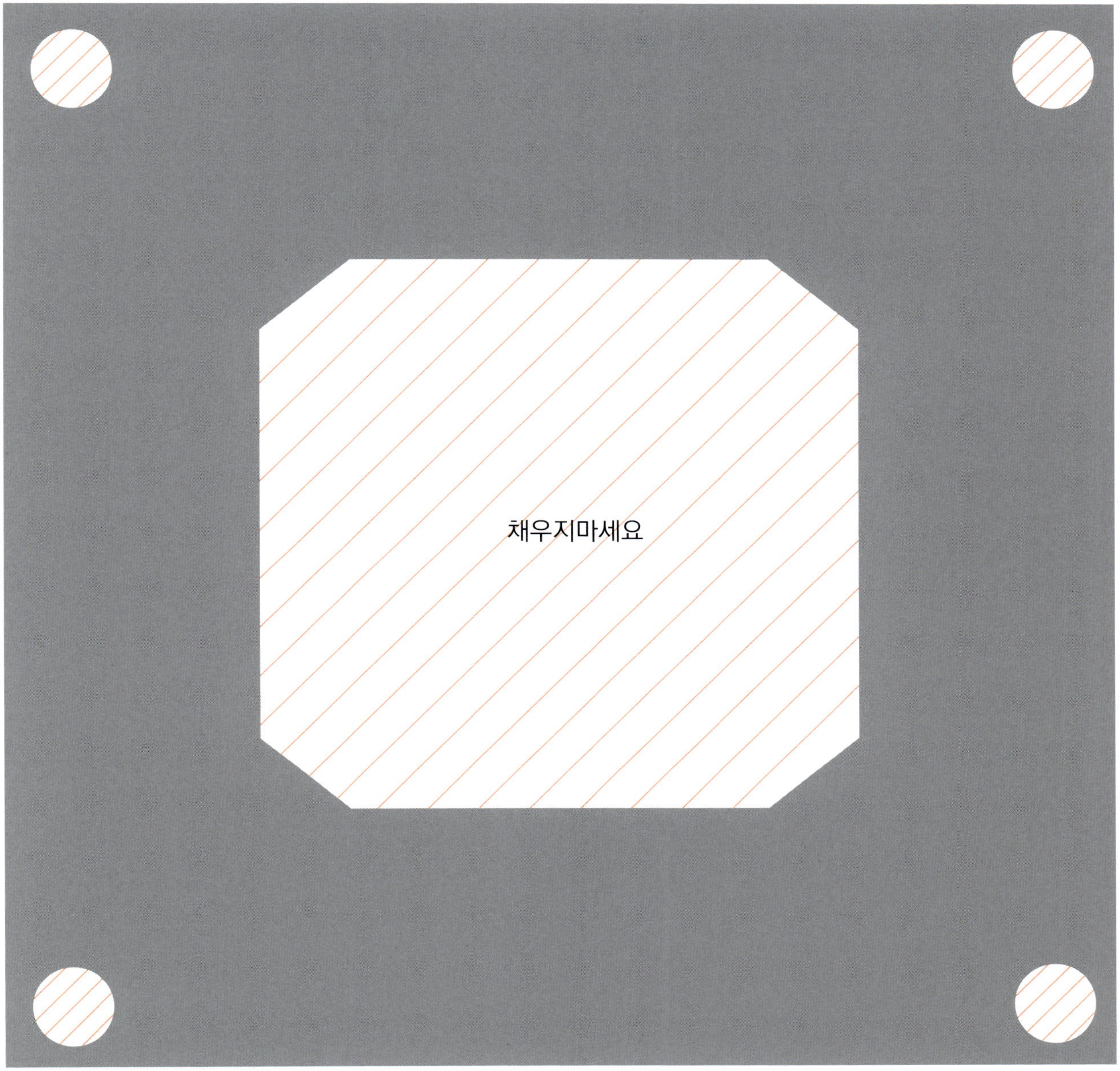

채우지마세요

A-2

1. A-1 도안의 빗금 표시된 부분을 제외하고 채워주세요.
2. A-2 조각을 4개 만들고 A-1 사방에 붙여주세요.

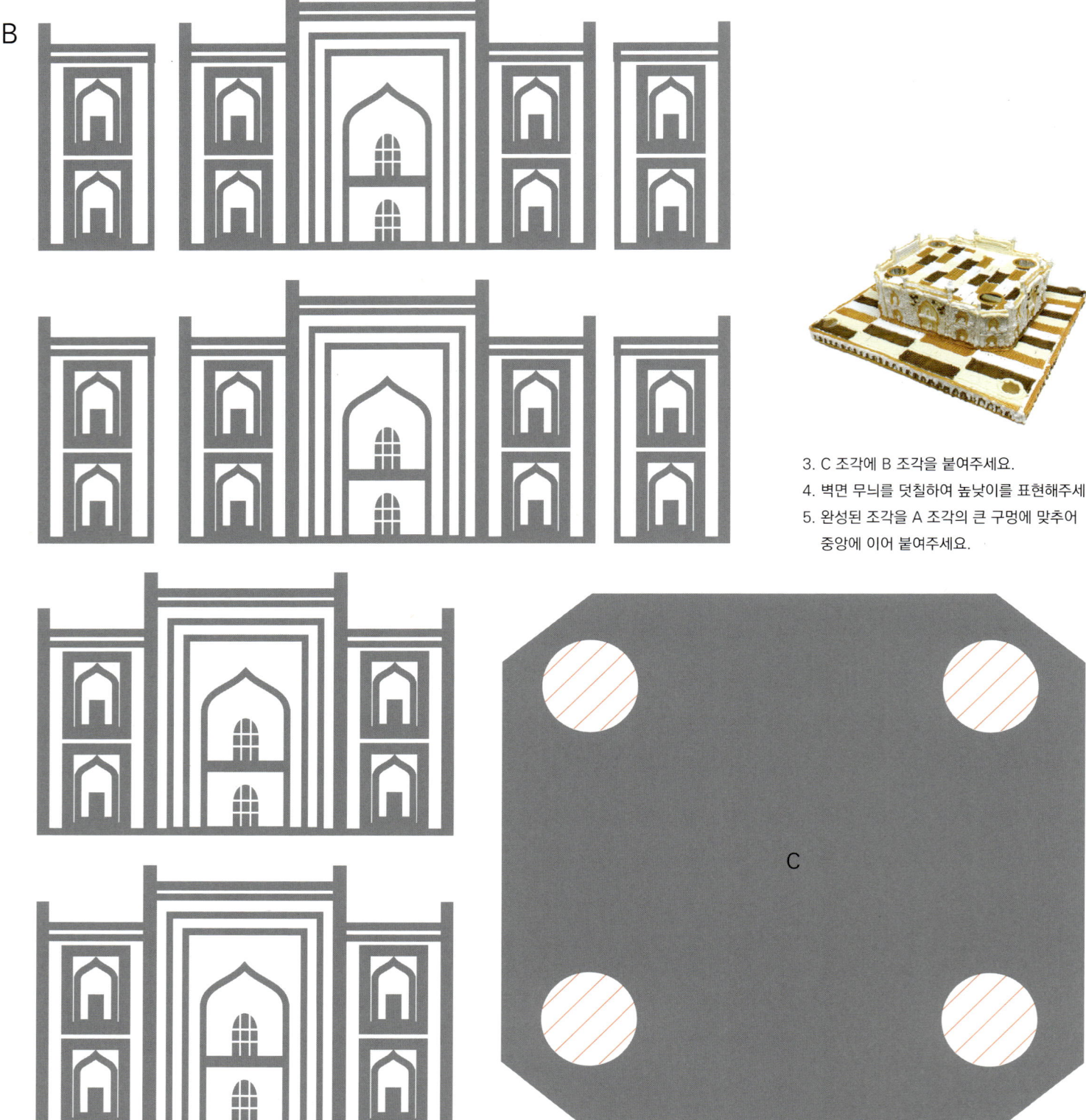

3. C 조각에 B 조각을 붙여주세요.
4. 벽면 무늬를 덧칠하여 높낮이를 표현해주세요.
5. 완성된 조각을 A 조각의 큰 구멍에 맞추어 중앙에 이어 붙여주세요.

6. D 도안의 지름 약 4.3cm에 맞추어 높이 약 3cm 투명필름을 원기둥 형태로 말고 셀로판테이프로 고정해주세요.
7. 3D펜으로 투명필름의 위 둘레와 아래 둘레를 따라 그린 후 세로 선을 그려주세요.
8. 3D펜으로 모두 채워주세요.
9. 벽돌 무늬를 그리고 덧칠하여 높낮이를 표현해주세요.
10. E-1 조각에 E-2 조각을 사방으로 붙여주세요.
11. 공중 그리기 기법으로 사이사이를 채워주세요(36쪽 참고).
12. 문지르기 기법으로 돔 표면을 마무리해주세요(37쪽 참고).
13. 돔에 패턴을 자유롭게 그리며 꾸며주세요.

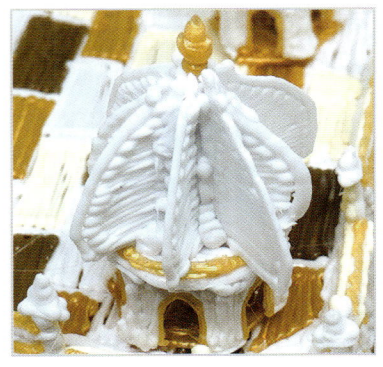

F-1 x4   G x4   H-1 x4

F-2 x4   H-2 x8

14. 295쪽 9번에서 완성한 기둥을 C 조각 중앙에 붙인 후 그 위에 295쪽 13번에서 완성한 돔을 붙여주세요.
15. F-1 조각에 F-2 조각을 이어 붙여 육각기둥 4개를 만들어주세요.
16. 육각기둥 위에 G 조각을 붙여 총 4개를 만들어주세요.
17. 295쪽과 같은 방법으로 H-1 조각에 H-2 조각을 붙인 후 공중 그리기 기법으로 채우고 문질러 질감을 표현해주세요.
18. 16번에서 완성된 조각 위에 17번에서 완성한 돔을 붙이고 C 조각 구멍에 맞게 세워 붙여주세요.

CHAPTER 06 해외 명소 | 타지마할

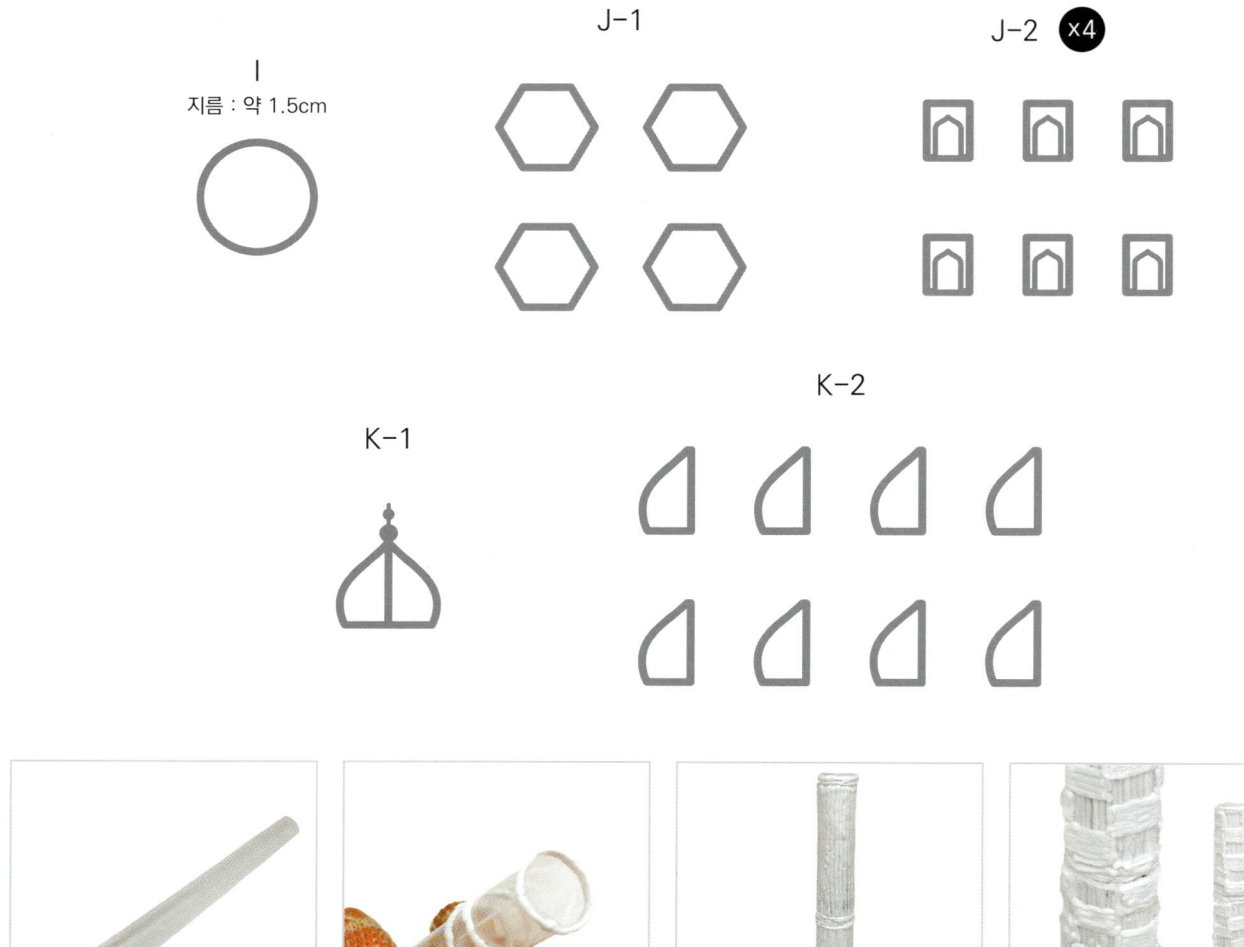

19. I 도안의 지름 약 1.5cm에 맞추어 높이 약 6.5cm 투명필름을 원기둥 형태로 말고 셀로판테이프로 고정해주세요.
20. 3D펜으로 투명필름의 위 둘레와 아래 둘레를 따라 그린 후 세로 선을 그려주세요.
21. 3D펜으로 모두 채워주세요.
22. 벽돌 무늬를 그리고 덧칠하여 높낮이를 표현해주세요.

23. J-1 조각에 J-2 조각을 이어 붙여 육각기둥 4개를 만들어주세요.

24. 육각 기둥을 22번에서 완성한 긴 기둥 위에 이어 붙여주세요.

25. K-1 조각을 기둥 위에 붙이고 K-2 조각을 양쪽에 하나씩 붙여주세요.

26. 공중 그리기 기법으로 채운 후 문질러 돔을 완성해주세요.

27. 기둥에 테두리를 그려 꾸며주세요.

28. 같은 방법으로 기둥을 총 4개 완성해주세요.

29. A-1 조각의 구멍에 맞추어 완성된 기둥을 세워 붙여주세요.

에펠탑

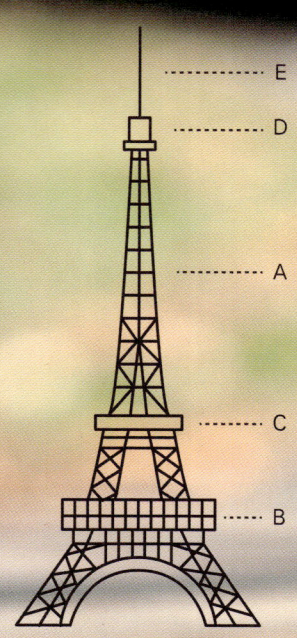

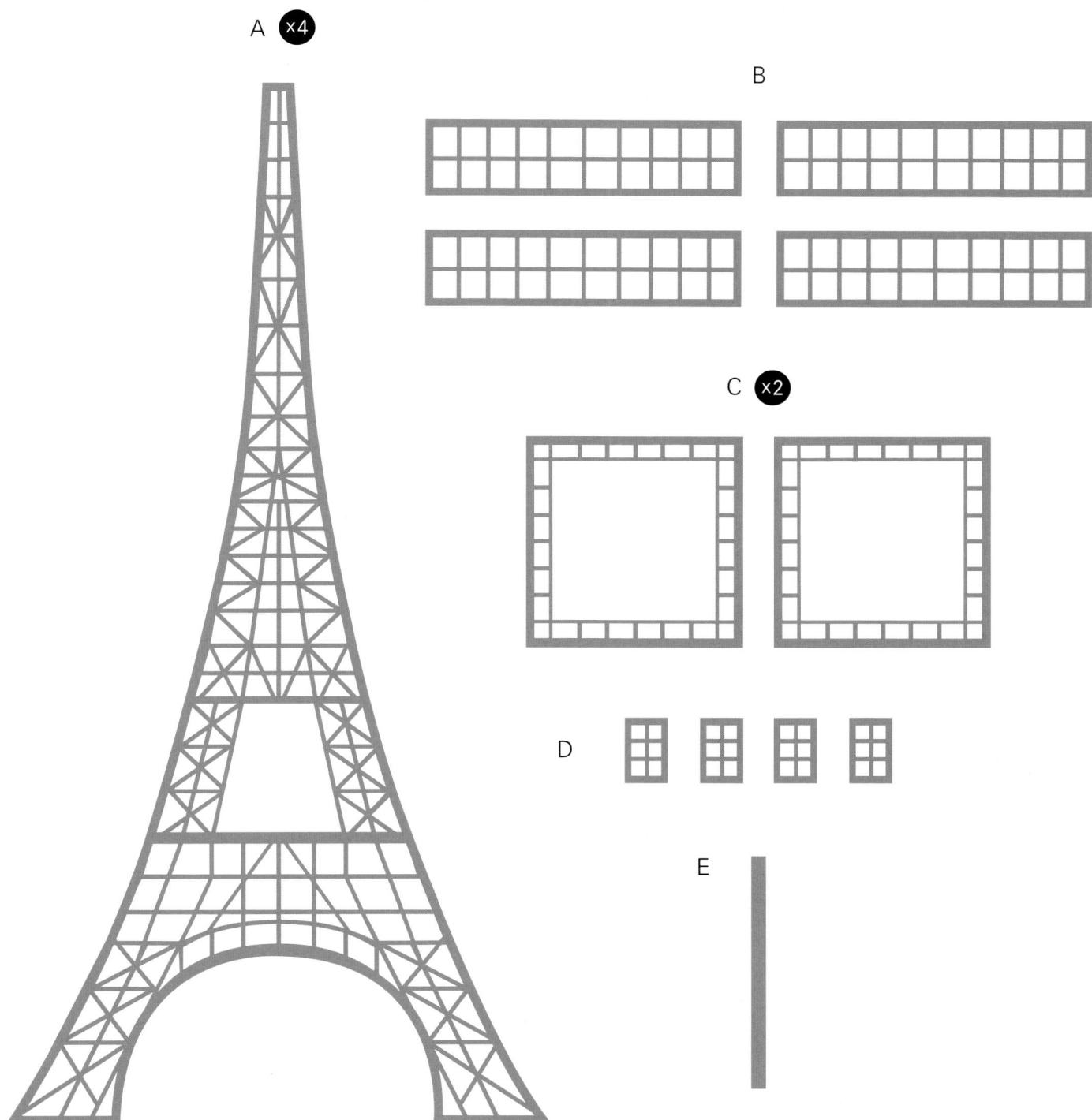

개선문

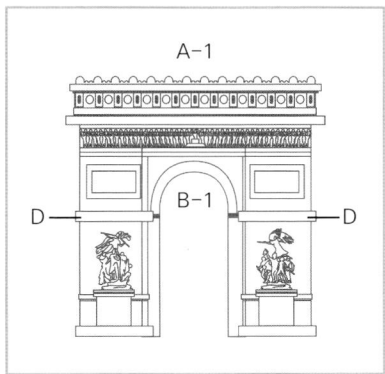

1. A-1 조각 중앙에 B-1 조각이 보이도록 뒤에 붙여주세요(같은 방식으로 총 2개 만들어주세요).
2. A-2 조각 중앙에 B-2 조각이 보이도록 뒤에 붙여주세요(같은 방식으로 총 2개 만들어주세요).
3. 1, 2번에서 완성한 조각들과 C 조각을 이어 붙여 사각 기둥 형태로 만들어주세요.
4. D 조각을 A 조각 기둥에 붙여주세요.
5. 패턴을 덧칠하여 높낮이를 주며 더욱 입체적으로 표현해주세요.

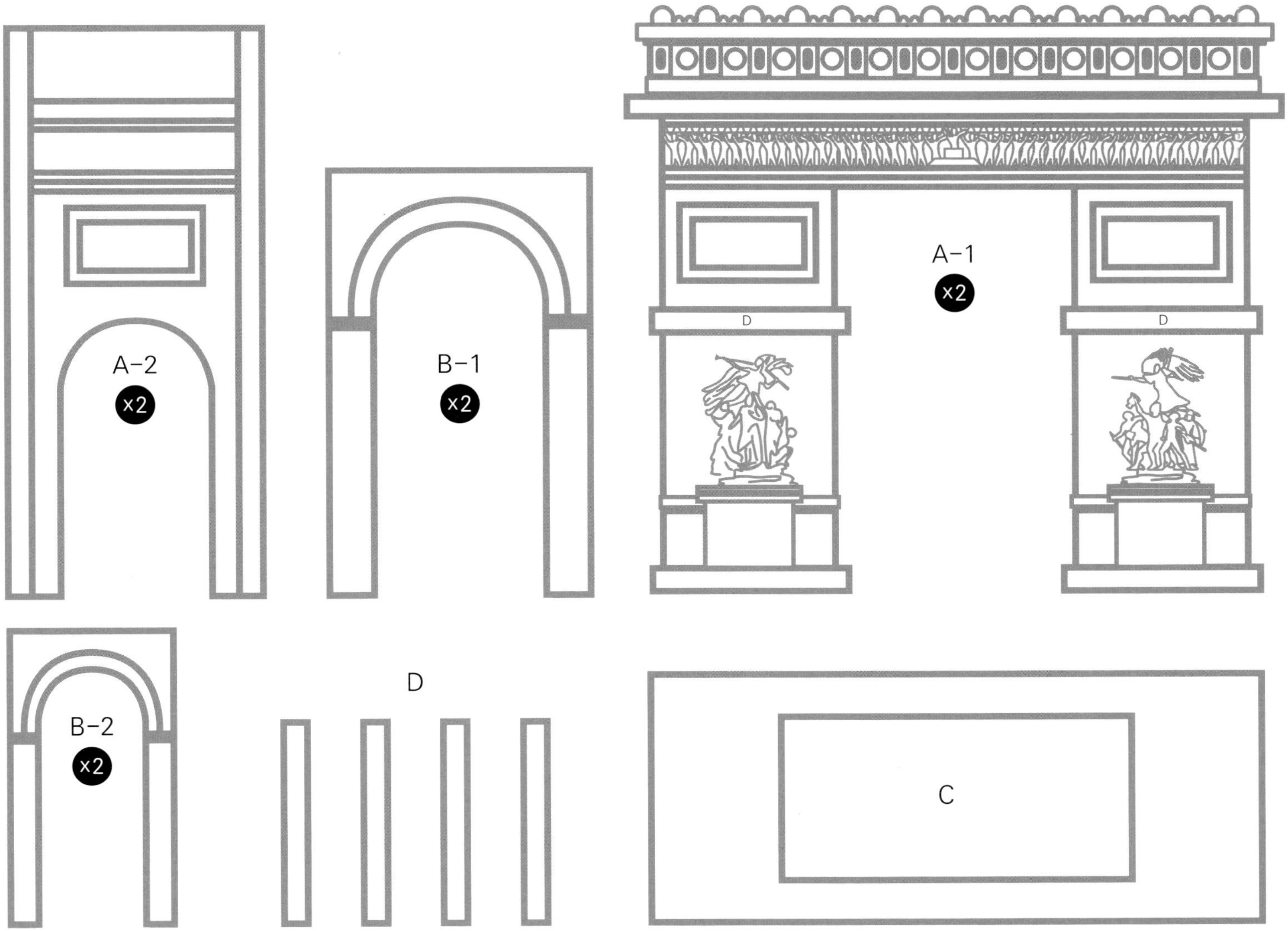

빅벤

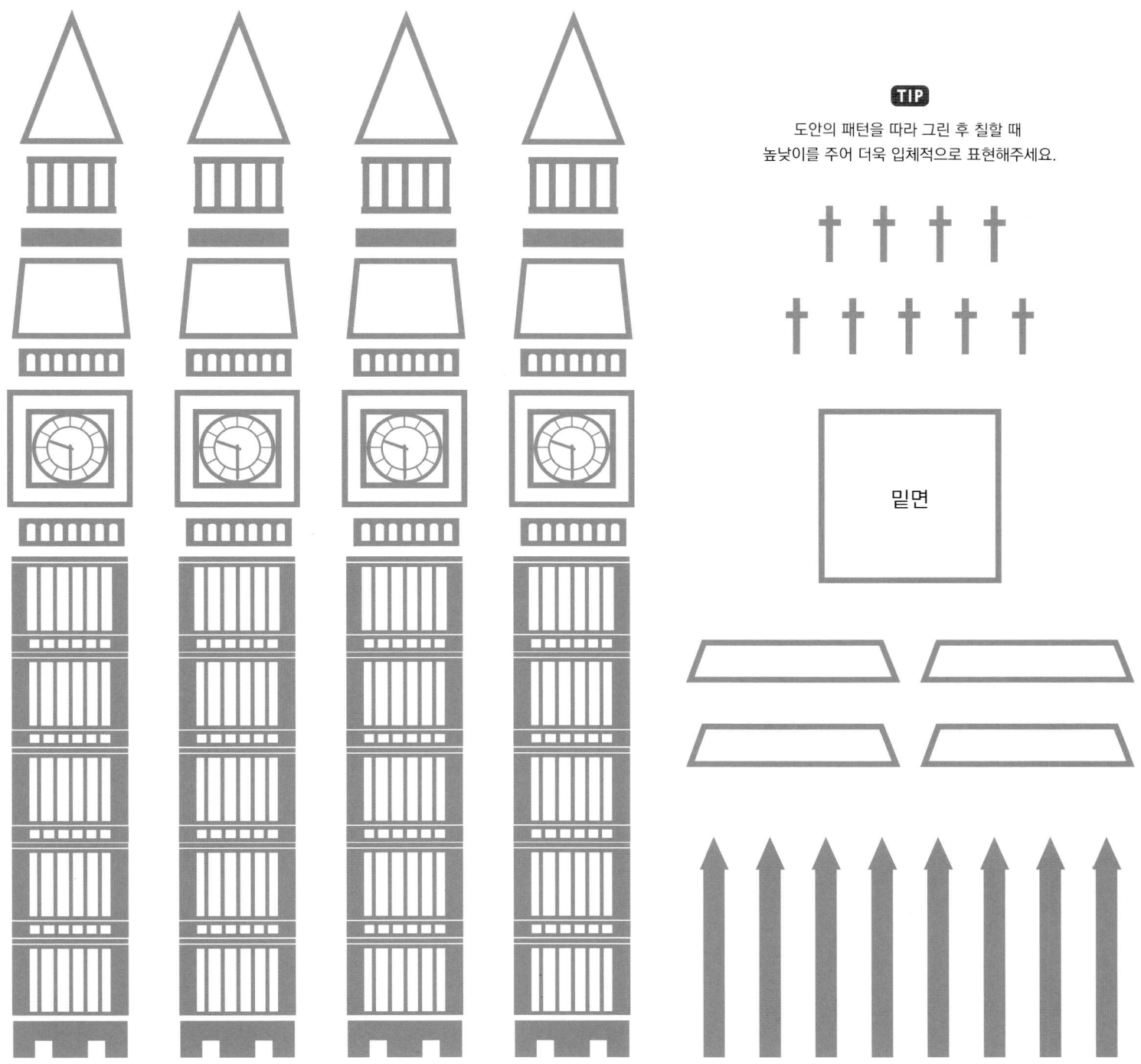

북아메리카 (North America)

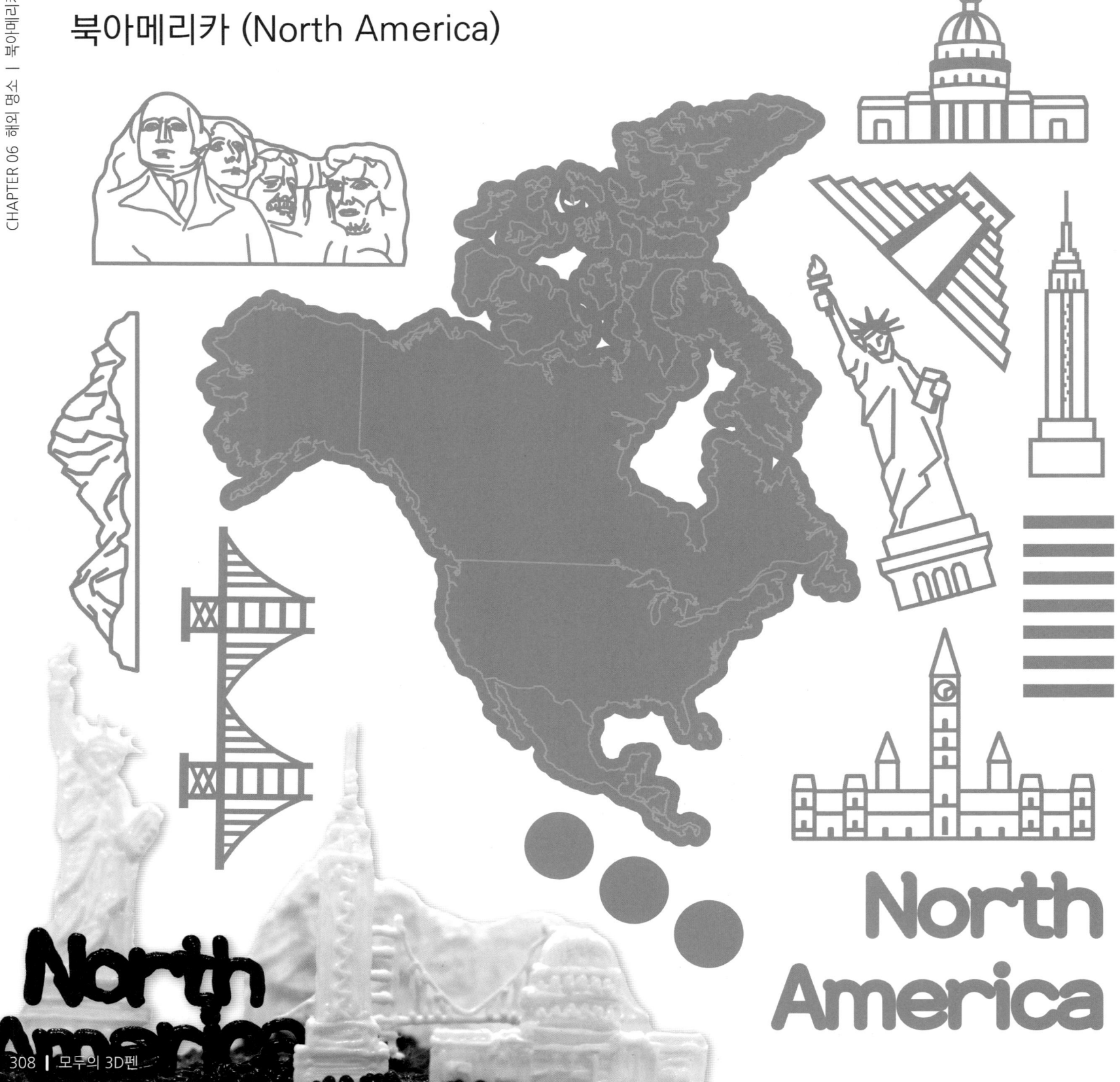

Memo

3D프린팅펜지도사 자격과정 안내

3D프린팅펜지도사란? 3D프린팅펜은 3D프린터의 원리로 개발된 펜 형태의 기기로 펜의 노즐에서 플라스틱이 녹아 흘러 나오면서 바로 굳어져 원하는 대로 입체를 만들어내는 혁신 교구입니다. 3D프린팅펜의 올바른 사용법과 관리법을 알고 응용 방법을 개발하여 교육 현장에 적용할 수 있는 전문가를 말합니다.

• 일반 과정 •

3D펜은 새로운 기기로서 올바른 사용법과 관리법이 있으며 효과적으로 표현하는 방법이 있습니다. 3D펜 최초 도입 이래 쌓아온 다양한 노하우와 3D펜의 기초 이론, 실습은 물론이고 다양한 현장 사례를 소개하며, 처음 3D펜을 시작하시는 분들의 막막함과 두려움을 해소해드립니다.

교시	시간	주제
1		3D프린팅펜의 이해
2	10:00	
3	~	3D프린팅펜과 교육
4	18:00	3D프린팅펜 실습 (실제 교육현장 적용 프로그램)
5		
6		3D프린팅펜 지도사의 역할

• 수석 과정 •

작품의 개성과 완성도를 달리하는 것은 창의적인 형태와 표현 질감의 차이에서 옵니다. 센스있는 작품을 표현하는 시각을 기르는 법, 다른 재료와 3D펜을 결합하여 차별화된 작품을 표현하는 법 등 현대미술교육에서 3D펜이 나아갈 방향을 알아보며 좀더 고급화된 강사의 태도와 특별한 기술을 배울 수 있습니다.

교시	시간	주제
1		새로운 기법으로 질감 다르게 표현하기
2	10:00	
3	~	3D펜의 다양한 표현 기법
4	18:00	3D펜 예술특화프로그램
5		
6		복합매체를 활용한 3D 예술 작품 제작

3D프린팅창의융합교육협회 02-868-3303 | contact@3dpenedu.or.kr | http://3dpenedu.or.kr

펜톡과 소통해요!

3D펜톡 공식 홈페이지
더 자세한 내용이
알고 싶다면 방문해보세요!

www.pentok.co.kr

인스타 그램
3D펜톡의 다양한 작품과
소식을 구경해요!

www.instagram.com/3dpentok

모두의 3D펜 카페
다른 사람들의 작품을
구경하고 무료 도안까지
받아보세요!

www.modoopen.co.kr

네이버 블로그
3D펜의 다양한 소식과
정보를 받아보세요!

blog.naver.com/3dpentok

펜톡 홈페이지

펜톡 인스타그램

모두의 3D펜 카페

펜톡 블로그